선죽교

홍
순
석 洪順錫 Hong, Soon-Seuk

지은이는 용인 토박이다. 어려서는 서당을 다니며 한문을 수학하였다. 그것이 성균관대에서 한문학을 전공하게 된 인연이 되었다. 강남대학교에 재직하면서 출판부장, 인문과학연구소장, 인문대학장 등을 역임하였으며, 포은학회 회장, 용인시사편찬위원회 상임위원으로 있다. 특히 지역문화에 남다른 관심을 갖고 용인·포천·이천·안성 등 경기 지역의 향토문화 연구에 30여 년을 보냈다. 본래 한국한문학 전공자인데 향토사가, 전통문화 연구가로 더 알려져 있다. 연구 성과물이 지역과 연관되는 것도 이 때문이다.
그동안 『성현 문학 연구』, 『양사언 문학 연구』, 『박은 시문학 연구』, 『김세필의 생애와 시』, 『용인학길라잡이』, 『용인의 민간신앙』, 『용인의 옛 노래』, 『향토사연구의 이론과 실제』, 『용인학』 등 60여 권의 책을 냈다. 번역서로 『읍취헌문집』, 『봉래시집』, 『부휴자담론』, 『허백당집』, 『용재총화』, 『진일유고』를 펴냈다. 짬이 나면 글 쓰는 일도 즐긴다. 『탄 자와 걷는 자』는 잡 글을 모은 것이다.

역사기행 한시선집

善竹橋

홍순석 편역

문예원

선죽교
개성시 선죽동 자남산 기슭. 북한 국보 문화유물 제159호

선죽교 혈흔
선죽교 안내 표지석

일제시기 사진엽서에 실린 선죽교 전경

해방 후 선죽교 전경
선죽교의 현재 모습

선죽교 석난간
선죽교 석축 하단부

하마비 | 선죽교기실비 | 선죽교 표석(한호 서)

성인비각(읍비)과 녹사 순의비
성인비(읍비) | 포은록사기실비 | 녹사순의비

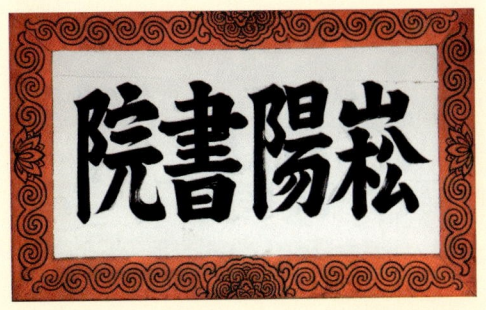

숭양서원 전경
숭양서원 현판

표충비각 전경 개성시 선죽도 표충비각, 북한 국가지정문화재 국보급 제138호
표충비 현판

표충비(영조)
표충비(고종)

서 문

선죽교의 '혈흔'과
'읍비'를 어루만지며

2007년 12월 7일 개성 선죽교에 남겨진 포은공의 혈흔과 읍비를 직접 어루만지며 벅찬 감정을 가누지 못하였다. 이 해 5월에 포은학회를 창립하고, 개성에서 학술대회를 개최하고자 2차례 개성을 방문하였다. 두 번째 방문 때는 개성대학 교원과 함께 선죽교와 숭양서원, 표충비각 등 포은 선생의 유적을 탐방하였다. 선죽교의 유래를 설명하던 안내원은 '단심가'를 거룩하게 읊조렸다. 내가 알고 있는 시조와 똑같았다. 당연한 일이지만 순간적으로 북조선 사람들이 단심가를 외우고 있다는 사실에 당황했던 것이다. 그 당시 선죽교 곁에 '단심가비'를 남북공동으로 세우자고 약속하였다. 아쉽게도 북쪽의 무리한 전제 조건으로 계획은 무산되었다.

예나 지금이나 개성을 여행하는 사람들은 선죽교와 숭양서원을 탐방하였다. 선죽교를 찾는 첫째 이유는 포은의 혈흔을 직접 보기 위해서이다. 다른 사람들의 기록을 보고서는 믿음이 생겨 꼭 보고 싶었다고 한다. 그런데 직접 혈흔을 보고서는 의심이 간다고 하였다. 너무도 생생하기 때문이다. 오백년이 지난 세월에 그렇게 선명할 수 있겠냐는 것이다. 선죽교 옆에서 한 참을 배회하다가 벅찬 감회를 시문에 담아내고는 혈흔이 영속되기를 기원한다. 어떤 이는 불가사의한 기적을 신성시하며, 어떤 이는 비분강개하여 통곡한다. 어떤 이는 '값진 죽음'을 찬미한다. 선죽교 혈흔의 이적은 '읍비泣碑'에까지 확대된다. 포은과 함께한 녹사의 죽음이 잊혀짐을 애석해 한다. 옛 사람들의 이러한 정회를 담고자 역사기행 한시선집으로 『선죽교』를 엮는다.

필자는 한때 '금강산을 사랑하는 사람들'의 모임체에서 활동하며, 금강산 관광을 위한 준비로 북쪽에서 간행한 『금강산한시선집』을 강독한 적이 있다. 이 책을 읽고 나서 포은과 개성의 상징이라 할 수 있는 선죽교 관련 한시와 기록을 수집하고 틈틈이 번역해 두었다. 시 한 편을 읽을 때마다 선죽교에서 어루만졌던 포은의 혈흔과 읍비를 기억하였다.

지금 생각하면 2007년도에 역사를 전공하였다는 북조선의 안내원과 함께 개성을 탐방할 기회를 얻은 것이 여간 행운이 아니다. 내년이면 꼭 10년이 된다. 포은학회 창립 10주년이 되는 해이다. 개성에서 학술대회를 개최하고, 단심가비를 선죽교 곁에 세우려고 했던 계획을 마무리하였으면 좋겠다. 이 책을 빌미로 이뤄질 것을 믿고 간절히 소원한다.

항상 필자의 원고를 마다않고 출판해주는 민속원의 홍종화 사장에게 감사드리며, 포은선조의 선양사업에 앞서서 도움을 주는 정래정 종손과 여러 종인들에게 감사를 드린다.

2016년 중추절
처인재에서 적다

축간사

선죽교 곁에
포은공의 '단심가비'를 세웠으면

포은선조의 영당을 배알할 때마다 생각합니다. 포은공처럼 값진 죽음을 죽을 수 있는 사람이 얼마나 될까. 누구나가 한 번 죽게 마련인데, 세속의 명리에 얽매여 구차히 죽은 사람들이 얼마나 많은가.

대한민국의 독립을 위해 헌신한 김구 선생은 1947년에 선죽교를 방문해서 포은공의 혈흔을 보고 비분강개의 뜻을 한시에 담아내었습니다.

"선죽교에 낭자한 핏자국을 보고 / 사람들은 슬퍼하지만 난 슬퍼하지 않으리 / 충신이 나라의 위기를 맞아 / 죽지 않고 또 무엇을 하겠는가 善竹橋頭血 人悲我不悲 忠臣當國危 不死更何爲"

포은공의 죽음을 원통해 하기보다는 나라를 위해 기꺼이 죽을 수 있었음을 우러러 보고 있는 것입니다.

포은공의 23대 종손이신 선친 역시 같은 시기에 중국 땅에서 항일독립운동을 하셨습니다. 1943년도에 학도병으로 중국 제남에 징집되셨다가 탈출하여 40여 년간 중국 땅에서 민족 해방과 교육을 위해 평생 헌신하셨습니다. 어린 시절을 중국 연변에서 보내야 했던 나의 기억 속에서도 선친은 남다른 민족주의자였습니다. 이제야 선친의 각별한 애국심이 포은공의 정신에서 근원하였음을 알 것 같습니다.

포은학회를 창립하여 이끌어 오시는 강남대 홍순석 교수는 포은공의 학문과 사상을 현양하기 위하여 그동안 여러 책을 간행하셨습니다. 포은학회의 학술총서 외에도 『포은선생유적대관』, 『포은종가』를 간행한 바 있습니다. 이번에 간행하는 『선죽교』는 포은공의 값진 죽음을 거듭 확인할 수 있는 자료라고 생각합니다. 이 책의 간행이 바탕이 되어 포은공의 정신이 더욱 현양되길 기원합니다.

이 책을 간행하는데 수고하신 포은학회와 홍순석교수의 노고에 감사드립니다. 그리고 여러 종인들의 격려에 감사드립니다.

내년 정유년은 포은공께서 탄생하신 지 680주년입니다. 포은공을 기리는 남북의 모든 이들이 참가하여 선죽교 곁에 포은공의 충절을 상징하는 '단심가비'를 세웠으면 좋겠습니다. 삼가 돈수백배하며 간절히 기원합니다.

형양공 35대 · 포은공 24대 종손

정鄭 래來 정晶

차례

화 보 004
서 문 016
축간사 018

1부
선죽교시 · 025

선죽교에서 포은을 애도하며	이 경 __ 26	송도를 지나가다 감회가 있어	유 숙 __ 40
선죽교	김사형 __ 27	송도	신 흠 __ 41
선죽교	양희지 __ 28	포은집 뒤에다 쓰다	신 흠 __ 42
선죽교	이중경 __ 29	송도에서 정생에게 주다	이경전 __ 43
송도를 지나다 감회가 있어	이순인 __ 30	포은의 옛집을 지나면서 노래하다	허 균 __ 45
선죽교	이해수 __ 31	선죽교에서 감회가 있어	김상헌 __ 48
오산의 선죽교운을 빌어	이해수 __ 32	송경	조희일 __ 49
선죽교	최 립 __ 33	만월대	조희일 __ 50
선죽교	서 익 __ 34	선죽교	김광욱 __ 51
동문로에서 우연히 감회가 일어	허 성 __ 35	송도	조문수 __ 52
청주에서 포은운을 빌어	임 제 __ 36	송도 길 위에서	오 숙 __ 53
숭양서원에서 사당을 배알하고 감회가 있어	홍이상 __ 37	송도	김세렴 __ 54
선죽교	차천로 __ 38	선죽교	홍주원 __ 56
숭양서원	차천로 __ 39	선죽교를 지나며	홍석기 __ 57

선죽교를 지나며	신 유	58
선죽교를 지나는 길에 마음을 달래며 2수	신 유	59
선죽교	박장원	61
송도에서 읊조림	이은상	62
송경회고	윤 휴	63
'포은전'을 읽고 감회가 있어	홍여하	65
한여두의 운을 빌어 2수	이단하	67
송도 일아당의 시판을 차운하여	남용익	69
숭양서원을 지나며	박세채	70
선죽교에 부쳐	이하진	71
선죽교	황 징	72
선죽교	신후재	73
선죽교를 지나며	이기홍	74
선죽교	김창협	75
숭양서원	김창협	77
선죽교	김창흡	78
송도에 가는 김군산을 송별하며	홍세태	79
선죽교	홍세태	80
선죽교를 지나며	이희조	81
송도회고	이관명	82
선죽교	김창즙	83
개성부에 머물며	권이진	84
곡령	최창대	85
선죽교를 보고	이의현	86
선죽교	김춘택	88
송도를 지나다 감회가 있어	이덕수	90
선죽교	조문명	92
선죽교	윤봉조	94
송경을 지나며	김도수	95
선죽교에서 포은선생을 생각하며	윤봉구	96
선죽교에서 감회가 있어 읊다	김진상	97
포은서원	임징하	98
송도	심사주	99
송도회고	이철보	100
선죽교	정 간	102
선죽교	김신겸	104
송경	정민교	106
선죽교	유언술	107
만월대	송명흠	109
죽교행	황경원	110
선죽교	신광수	112
선죽교	김이안	113

선죽교	정범조 __ 116
선죽교	홍양호 __ 117
선죽교	홍양호 __ 118
선죽교	조영순 __ 119
선죽교	목만중 __ 121
송도에서 단오절에 감회를 적다	목만중 __ 122
선죽교	이삼환 __ 123
선죽교	박윤원 __ 125
영동사	윤 기 __ 126
선죽교	이덕무 __ 127
최간이집의 선죽교운을 빌어	이정국 __ 128
숭양서원을 배알하고	이 채 __ 129
숭양에서의 감회	이만수 __ 131
선죽교	차좌일 __ 133
송도회고운을 빌어	김득신 __ 134
선죽교 2수	임천상 __ 136
선죽교	홍인모 __ 138
선죽교에서 노인을 만나 문답하다	조수삼 __ 139
선죽교	조수삼 __ 140
선죽교	김조순 __ 141
선죽교	임득명 __ 142

선죽교	신 위 __ 143
달밤에 선죽교를 노닐며	김헌기 __ 144
선죽교에서 읊조리다	홍직필 __ 145
선죽교 2수	홍직필 __ 146
선죽교	김매순 __ 148
선죽교	조인영 __ 152
선죽교	변종운 __ 154
송경도중	박영원 __ 155
임단 도중에	임헌회 __ 157
선죽교를 지나며	남병철 __ 158
다시 선죽교를 지나가며	남병철 __ 160
선죽교	김평묵 __ 162
선죽교 1	한장석 __ 163
선죽교 2	한장석 __ 165
선죽교	김윤식 __ 166
송경의 선죽교를 지나며	김윤식 __ 167
선죽교	송병선 __ 168
선죽교	이 설 __ 169
숭양서원	신기선 __ 170
숭양서원 2수	조긍섭 __ 171
선죽교 2수	조긍섭 __ 174
만월대	이만용 __ 176

2부
선죽교 기記·사辭·비문碑文 · 177

선죽교기	홍직필 —— 178	송경유람기	김창협 —— 200
선죽교사	홍경모 —— 183	영동사	윤 기 —— 202
선죽교기실비	정호인 —— 186	고려 녹사 김경조 기실비를 쓰고 나서	신 위 —— 204
고려 정시중 녹사 순의비	조진관 —— 188	고려 때 수절한 신하	이긍익 —— 206
성인록 발문	윤두수 —— 190	백사가	성해응 —— 209
선죽교에 이르러 포은공의 절개를 기리다	영조실록 —— 194	선죽교시	이유원 —— 211
영조어제어필	국조보감 —— 196	포은의 녹사	이유원 —— 213
수시중 익양백 정몽주가 졸하다	안정복 —— 197	선죽교의 혈흔	박사호 —— 215

3부
포은과 선죽교 · 217

포은선생의 생애와 자취	218	포은과 개성의 상징인 선죽교	243

_ 일러두기

▶ 이 책은 『한국문집총간』에서 '선죽교' 관련 시문을 선정하여 번역한 것이다.
▶ 한시 작품의 배열은 작자의 출생연도를 고려하여 정리하였다.
▶ 시제가 길어 번잡한 경우, 필자가 임의로 축약해서 시제를 달고, 원문에는 원제를 그대로 기록하였다.
▶ 원전의 주석은 [원주]로 표시하여 본문 하단에 밝혔으며, 번역의 주석은 각주로 처리하였다.
▶ 독자의 편의를 위해 한시 작자의 약력을 각주란에 소개하였다.
▶ 원문 하단에 출전을 밝혀 연구자의 편의를 도모하였다.

1부

선죽교시

001

선죽교에서 포은을 애도하며

이경 李瓊[*]

흰 무지개 해를 꿰니 누굴 슬퍼함인가
선죽교 머리맡엔 세상일이 변했구나
피는 아니 없어지고 정신도 남았으나
몸이 돌아간 때는 나라가 망한 때라
정충은 이곳에서 안타까워하지만
교분은 어느 세상서 다시 맺어 볼꼬
절의는 본디부터 함께 강구했는데
부끄럽게 나만 남아 굳이 글귀 읊조리네

善竹橋悼圃隱

白虹貫日爲誰悲　善竹橋頭世事移
血不沫兮精不沫　人亡時是國亡時
精忠此地傷前蹟　交契何天問後期
節義由來同所講　慙吾後死强吟詞

『圃隱集續錄』 卷四, 「贈詠」

* 이경 李瓊(1337~?): 고려말의 문신. 하빈이씨河濱李氏의 중시조. 호는 이우당二憂堂. 이정기李挺基의 아들로 외조부 원천석元天錫에게서 수학함. 포은과 교유한 인물로 포은이 순절한 뒤 1392년 10월에 두문동에 입거하였다.

002

선죽교

김사형金士衡*

일찍이 주나라 백이의 청백함 들었는데
수양산에서 굶어 죽었지 전란에 죽은 것 아니네
선죽교에서 그 날 일을 당했어도
정선생 도와 함께 갈 사람 없었다네

善竹橋

曾聞周國伯夷淸　餓死首陽不死兵
善竹橋邊當日事　無人扶去鄭先生

원본출처 미상[1]

---

* 김사형金士衡(1333~1407): 여말선초의 문신. 본관은 안동安東. 자字는 평보平甫, 호號는 낙포洛圃, 시호는 익원翼元이다. 안동김씨 익원공파翼元公派의 시조이다.
1 [출처] 선죽교의 그 날, 그 참혹한 일-善竹橋 金士衡, http://blog.naver.com/looh1938.

003

선죽교

양희지楊熙止*

지는 꽃 우는 새도 전 왕조를 붙잡고[원주]
천하에 상심되는 바는 선죽교 일로
백사유가만 악부에 전하나니
도성 가득 찬비만 내려 쓸쓸하여라

[원주] '落花啼鳥'는 '殘煙喬木'으로 되어 있다.

善竹橋

落花啼鳥鎖前朝[原注]　天下傷心善竹橋
百死遺歌傳樂府　滿城寒雨下蕭蕭

[原注] 落花啼鳥 一作殘煙喬木

楊熙止, 『大峯集』 卷之一, 詩, a_015_013b

* 양희지楊熙止(1439~1504): 조선 중기의 문신. 자는 가행可行, 정보楨父, 호는 대봉大峰, 희지稀枝이다.

선죽교

이중경 李重慶

선생의 한 번 죽음을 탄식할 바 아니고
잘못된 것은 강상으로 만고에 어찌할꼬
몽매한 하늘이 덕을 어긴 것이 아니리
응당 도를 다하여 거짓을 없애려 함이라
충정을 포상한 비석엔 문장이 빛나고
절의를 본받은 다리엔 혈흔이 얼룩졌네
흥을 타고 객이 와서는 옛일을 생각하며
석양에 돌아가는 새 역시 슬피 노래하네

善竹橋

先生一死未爲嗟　否者綱常萬古何
不是昧天違有德　也應盡道欲無譌
襃忠片石圭章煥　效節危橋血瀝磨
乘興客來仍弔古　夕陽歸鳥亦悲歌

李重慶, 『雲齋遺稿』卷之二, 詩, 西行雜詠, b_088_471d

* 이중경李重慶(1517~1568): 조선 중기의 문신. 자는 숙희叔喜.

송도를 지나다 감회가 있어*

* 이조좌랑으로 서화담에게 시호를 내리는 직책을 맡았는데 송도를 지나다 감회가 있어 짓다.

이순인李純仁**

왕씨와 사씨 가문¹의 호화가 모두 적막하여라
흐르는 물 어느 곳에서 전 왕조의 일을 물을꼬
비석엔 아직도 문충공의 절의가 기록되었지만
만고에 상심되는 바가 선죽교의 일이리라

以吏曹佐郎 爲徐花潭賜諡官 過松都有感。

王謝豪華盡寂寥 水流何處問前朝
殘碑尙記文忠節 萬古傷心善竹橋

李純仁, 『孤潭逸稿』 卷之一, 詩, a_053_039a

** 이순인李純仁(1533~1592): 조선 중기의 문신·학자. 자는 백생伯生, 백옥伯玉, 호는 고담孤潭이다.
1 원문의 '王謝'는 진晉나라의 명문귀족인 왕씨王氏(:王導)와 사씨謝氏(:謝安)를 가리킴. 두보의 〈장유壯遊〉 시에 "王謝風流遠 闔廬丘墓荒"라는 시구가 있다.

006

선죽교 동고의 세 운을 빌어 짓다

이해수 李海壽[*]

외로운 충신 분수를 알아 이 다리에서 죽고
산하 모두는 조선을 굳건히 하려 했었네
때가 위급함을 예상하고도 오히려 우뚝 섰나니
황하 중류의 지주[1]가 흔들린 적이 없다네

次東皐三韻 善竹橋

孤忠自分死玆橋　欲作山河壯本朝
想見時危還特立　中流砥柱不曾搖

李海壽, 『藥圃遺稿』 卷之四, 松島雜詠, a_046_063a

---

* 이해수李海壽(1536~1599): 조선 중기의 문신. 자는 대중大中, 호는 약포藥圃, 경재敬齋이다.
1 중류지주中流砥柱: 난세에 처하여 의연하게 절개를 지킴을 비유적으로 이르는 말. 중국 하남성 동쪽 황하강 가운데 있는 지주라는 산이 황하강의 격류 속에서 조금도 흔들리지 않는다는 데서 유래한 말이다.

007

오산의 선죽교운을 빌어

이해수 李海壽

선죽교 이름은 지나는 객도 아나니
당시에 한 번 죽음으로 위태함을 지탱하려 했네
이미 백성과 사물이 원성[1]에 돌아감을 알고도
강상을 지키고 우리나라를 드높이려 하였네[2]
기러기털은 구산이 무거움을 알지 못하고
한 나무로 큰 집을 받치는 것과 같았네
많은 사람들 두 마음 먹고도 부끄러워 않거늘
신하가 된 자들이야 결국 어찌 할 꺼나

次五山[3]善竹橋韻

善竹橋名過客知　當時一死擬持危
已知民物歸元聖　要把綱常揭九夷
鴻毛不識丘山重　一木其如大廈欹
凡百二心寧不愧　食君之食竟何爲

李海壽,『藥圃遺稿』卷之四, 松都雜詠, a_046_063c

1　원성元聖: 성현 또는 덕이 높은 사람을 뜻하는 말임. 여기서는 태조를 가리킨다.
2　원문의 '綱常'은 삼강三綱과 오상五常을 아울러 이르는 말. 곧 사람이 지켜야 할 도리를 이른다.
　　'九夷'는 중국인이 동이족東夷族에게 붙인 9개 종족 명칭이다.
3　오산五山: 차천로車天輅의 호임.

008

선죽교[원주]

[원주] 포은이 절의를 지키다가 죽은 곳이다.

최립崔岦*

선죽교를 마음 아프게만 생각하지 말기를
충신이 전 왕조를 위해 죽은 건 합당한 일
지금도 하늘 동쪽 가득한 멋진 구절이여[1]
한 가락 높이 노래하니 산하가 진동하누나

善竹橋 圃隱死節處

不用傷心善竹橋 忠臣自合死前朝
只今秀句天東滿 高咏河山爲動搖

崔岦,『簡易集』卷七, 松都錄, a_049_443d

* 최립崔岦(1539~1612): 조선 중기의 문신·문인. 자는 입지立之, 호는 간이簡易, 동고東皐이다.
1 멋진 구절: 이방원이 포은의 속마음을 떠보기 위해서 〈하여가〉를 지어 불렀을 때, 이에 답하면서 고려 왕조에 대한 일편단심을 노래한 시조 〈단심가〉를 가리킨다.

009

선죽교

서익徐益*

선죽교 주변의 가을색도 슬프고
행인은 이곳에 이르러 머뭇거리네
독부¹는 무도하여 의당 없애려하며
의사는 충을 지키려 버릴 수 있다네
대지²의 성명은 응당 나타남이 있고
소신의 광혹³은 절로 의심이 생긴다네
감히 필설로 간절함을 적어서
제군들 이별할 때 드리고자 하네

善竹橋

善竹橋邊秋色悲　行人到此爲躊躇
獨夫無道宜殲厥　義士扶忠可去之
大智聖明應有見　小臣狂惑竊生疑
敢將筆舌書哀懇　留贈諸君作別離

徐益, 『萬竹軒集』 卷一, 七言律詩, b_005_196c

* 서익徐益(1542~1587): 조선 중기의 문신. 자는 군수君受. 호는 만죽萬竹 또는 만죽헌萬竹軒이다.
1 독부獨夫: 잔악한 사람. 인의仁義를 해치는 자를 '일부一夫' 또는 '독부獨夫'라 한다.
2 대지大智: 아주 뛰어난 지혜나 슬기. 또는 그같은 지혜를 가진 사람을 뜻한다.
3 광혹狂惑: 어떤 것에 미쳐서 정신이 팔림.

010

동문로에서 우연히 감회가 일어*

* 동문로에서 우연히 감회가 일어 짓고, 써서 주었다. 무자년(1588) 하지 뒤.

허성許筬**

송악은 빽빽이 둘러싼 산속에 떠 있고
흥하고 망함이 모두 아득하여 적막하여라
지나는 객은 지난 일을 상심하며 감당 못하고
시골사람이 오히려 전 왕조의 일을 해설하네
오래되고 아름다운 나무는 흥왕대¹이고
영락하고 쇠잔한 비석은² 선죽교라네
옛 나라의 자연은 마음속 깊이 사무치는데
저녁 바람에 이슬비 내리니 더욱 쓸쓸하네

東門路 偶感有作 漫書以贈 戊子夏至後

崧巒浮翠鬱岹嶢　興廢悠悠共寂寥
過客不堪傷往事　野人猶解說前朝
舊葱佳樹興王宅　零落殘碑善竹橋
故國自然多感慨　夕風疏雨更蕭蕭

許筬,『岳麓集』卷一, 詩, a_057_373a

** 허성許筬(1548~1612): 조선 중기의 문신. 자는 공언功彦, 호는 악록岳麓, 산전山前이다.
1　흥왕대興王宅: 태조 이성계의 고택을 지칭하는 말임.
2　원문의 '殘碑'는 비바람을 견디며 남아서 오래도록 전해 내려오는 비석을 형용한 말이다.

011

정주에서 포은운을 빌어

임제 林悌*

일찍이 선죽교 주변을 지나다가
다시 유편을 대하니 눈이 문득 커졌네
오래도록 충혼을 기억하며 단발을 긁나니
밤새도록 가을비만 외로운 도성에 가득하네
지금까지 남아의 간담을 격려하고
예로부터 열사의 충정을 꺾어버렸네
처량하여라 사당 앞에 뜬 옛날의 달이여
생각건대 한나라의 깃발도 부끄럽게 비추리

定州 次圃隱韻

曾於善竹橋邊過　重對遺篇眼却明
永憶忠魂搔短髮　一宵秋雨滿孤城
祗今激勵男兒膽　從古摧傷烈士情
怊悵尊前舊時月　想應羞照漢家旌

林悌,『林白湖集』卷之三, a_058_298a

* 임제林悌(1549~1587): 조선 전기의 문인. 자는 자순子順, 호는 백호白湖, 풍강楓江, 소치嘯癡, 벽산碧山, 겸재謙齋이다.

숭양서원에서 사당을 배알하고 감회가 있어

홍이상洪履祥[*]

선죽교 주변엔 가을풀이 우거지고
지금 나그네의 눈물은 옷깃에 가득하네
강상은 만고토록 명월에 달려 있는데
누가 알랴, 선생의 일편단심을

菘陽書院謁廟有感

善竹橋邊秋草深　秪今行客淚盈襟
綱常萬古懸明月　誰識先生一片心

洪履祥, 『慕堂集』, 詩, b_006_422b

[*] 홍이상洪履祥(1549~1615): 조선 중기의 문신. 자는 군서君瑞・원례元禮, 호는 모당慕堂이다.

013

선죽교

차천로車天輅[*]

선죽이 고죽의 그 뒤를 이으니[1]
청풍이 시원하게 고금에 불었네
포은의 절개는 늠름한 서리 같고
백이의 마음은 열렬한 태양 같네
석재가 오래되어 다리에 틈 생기고
산그늘 지자 저문 빛이 짙은데
장부의 감개가 여러모로 많은지라
술잔 들고 그윽한 회포를 읊노라

善竹橋

善竹連孤竹　淸風灑古今
凜霜圃隱節　烈日伯夷心
石老危橋罅　山陰暮色沈
丈夫多感慨　把酒詠幽襟

車天輅, 『五山集』 卷一, a_061_478a

[*] 차천로車天輅(1556~1615): 조선 중기의 문신. 자는 복원復元, 호는 오산五山, 귤실橘室, 청묘거사淸妙居士이다.
[1] 선죽善竹이 …… 이으니: 선죽은 선죽교에서 고려 왕조를 위해 순절한 정몽주를, 고죽孤竹은 은殷나라 고죽군孤竹君의 아들 백이伯夷와 숙제叔齊를 가리킨다.

014

숭양서원

차천로 車天輅

포은¹의 외로운 충성은 백이와 맞먹고
흥망의 무렵에 죽이려함을 어찌하랴
향인들은 사당 세워 고산처럼 우러르고²
국사에는 이름 실어 태양처럼 게시했네
문자는 육경 속에 성인의 경전을 엿보았고
강상은 만고토록 백성의 본성을 세웠네
상심하게도 선죽교 앞 시냇물은
오열하며 그대에게 시 한 수 지으라네

崇陽書院

圃老孤忠埒伯夷　興亡爭奈欲兵之
鄕人建廟高山仰　國史書名白日垂
文字六經窺聖作　綱常萬古立民彝
傷心善竹橋前水　嗚咽煩君賦一詩

車天輅, 『五山集』 卷二, a_061_484d

1　원문의 '圃老'는 포은선생을 지칭한다.
2　고산처럼 우러르고: 덕이 있는 군자를 높은 산처럼 따른다는 의미이다. 『시경』「거할車舝」에 "높은 산을 우러러봄이여, 큰길을 따라가도다.[高山仰止 景行行止]"라고 한 데서 온 말이다.

송도를 지나가다 감회가 있어*

* 기유년 봄에 원접사 종사관으로 송도를 지나가다 감회가 있어.

유숙柳潚**

왕업의 흥망을 말하길 부족하지만
지금은 나약한 후손들 정착할 땅조차 없네
황폐한 성은 적막하고 봄풀만 나 있는데
줄기 곧은 나무는 무성하여 저녁 구름 가렸네
용정과 봉황루는 아득하여 기억할 수 없고
옥장도 황금잔 모두 어지러이 흩어졌네
흰머리로 늦게 와서야 옛일을 생각하나니
선죽교 주변에는 저녁노을만 비치누나

己酉春。以遠接使從事官過松都有感。

王業興亡不足云　至今無地着孱孫
荒城寂寞生春草　喬木蒼茫鎖暮雲
龍井鳳樓渾不記　玉粧金盞摠難分
白頭弔古來何晚　善竹橋邊立夕曛

柳潚,『醉吃集』卷之一, 詩, a_071_014d

** 유숙柳潚(1564~1636): 조선 중기의 문신. 자는 연숙淵叔, 호는 취흘醉吃이다.

송도

신흠申欽*

예로부터 영웅들이 성쇠를 반복한 곳
찾아온 객 서글퍼 오랫동안 서 있는데
한산한 꽃 잔디풀 해마다 비슷하고요
일등 저택 동산들 곳곳마다 의아롭네
거친 제방 둘러싼 도랑물이 흐느끼고
들새는 옛 궁전을 향하여 슬피 우는데
처량해라 선죽교 주변의 길에서
천지도 무정하여 눈물만 절로 떨어지네

松都

從古英雄遞盛衰　客來惆悵立多時
閑花細草年年似　甲第名園處處疑
壟水曲縈荒堞咽　野禽啼向舊宮悲
凄涼善竹橋邊路　天地無情淚自垂

申欽, 『象村集』 卷十四, 詩, a_071_432d

* 신흠申欽(1566~1628): 조선 중기의 문신. 자는 경숙敬叔, 호는 현헌玄軒, 상촌象村, 현옹玄翁, 방옹放翁이며 시호는 문정文貞이다.

017

포은집 뒤에다 쓰다

신흠申欽

절개 지킨 사람 그때 몇이나 되었던가
송도의 선비들이 한양의 신하 다 되었지
지금도 선죽교 가장자리의 길에서
선생만 들먹이면 눈물이 쏟아진다네

題圃隱集後

一節當時問幾人　松都冠蓋漢都臣
至今善竹橋邊路　說着先生淚滿巾

申欽, 『象村集』 卷十九, 詩, a_071_495d

018

송도에서 정생에게 주다

이경전李慶全[*]

여관에서 한가히 근심하며 적적하게 앉으니
달은 차고 서리는 흰데 밤은 아득하기만 하네
옥루¹는 마치 수천 가구를 깨우는 듯한데
금문²과 수많은 말의 조정은 보이지 않네
시론이 돌아간 곳은 아득한 구름이고
묘모³의 자취는 없이 풀만 쓸쓸한데
헛되이 남은 건 오백년간의 일뿐이며
한 조각 쇠잔한 비석은 선죽교라네

---

* 이경전李慶全(1567~1644): 조선 중기의 문신. 자는 중집仲集, 호는 석루石樓이다.
1 옥루玉漏: 옥으로 만든 물시계.
2 금문金門: 한漢나라 미앙궁未央宮의 대문인 금마문金馬門을 말한다. 국가의 조칙詔勅을 작성하는 문학의 선비들이 이 문으로 출입하였다.
3 묘모廟謨: 조정의 중신들이 종묘宗廟에서 결정한 중대한 정책이나 계략 등을 말한다.

松都贈丁生

旅館閑愁坐寂寥　月寒霜白夜迢迢
還疑玉漏千家曉　不見金門萬馬朝
時論有歸雲漠漠　廟謨無跡草蕭蕭
空餘五百年間事　一片殘碑善竹橋

李慶全,『石樓遺稿』卷之三, 詩, a_073_386c

019

포은의 옛집을 지나면서 노래하다

허균許筠*

포은선생은 고려 말엽에
충절이 뛰어나 빼앗을 수 없었으며
어찌 이학만을 전하였을까보냐
조정에 계실 땐 나라도 살았다네
송악산의 왕기는 오백년만에 끝나고
몽금척¹은 하룻밤에 수강궁으로 내려졌네
공은 은대 띠고 흔들리지 않은 채
호랑이가 깊은 숲에 도사린 듯 있었네
선죽교 위에 뿌려진 한 줄기 피
명성은 우뚝하여 서산과 나란하네
성읍이 남으로 옮겨 도시²는 비었지만
사당의 향화는 오히려 자욱하네
나는 사내 형을 따라 집터를 찾아보니
무너진 담장에 풀덩굴만 엉기었네
멧바람은 쓸쓸하고 지는 해 어둑한데
저문 연기 숲을 덮고 새는 슬피 우네

---

* 허균許筠(1569~1618): 조선 중기의 문신·문인. 자는 단보端甫, 호는 교산蛟山, 학산鶴山, 성소惺所, 백월거사白月居士이다.
1 몽금척夢金尺: 조선 태조가 즉위하기 전, 꿈에 신선이 주었다는 것을 상징하여 만든 금빛 나는 자. 궁중무용에서 의장儀仗 도구로 쓰임.
2 원문의 '朝市'는 조정朝廷과 시정市井이란 뜻임. 전의되어 '도시'를 나타내는 말로 쓰임.

옛일이 서글퍼서 눈물을 닦노니
인자에겐 복 주는 법, 하느님이 취했던가
남아의 한 번 죽음은 피하기 어려운 일
차라리 죽을진대 충의에 바치려네
그대는 보지 못했나
삼군이 정부 안에 무기를 벌여놓고
적자를 바꿔치어 강상을 거역한 일
결구가 끝나자 사회[3]는 죽고 마니
중교에 폭사한 건 사람 재앙 아니네

過圃隱舊宅歌

圃隱先生在麗末　忠節凜然不可奪
豈惟理學傳不傳　公在巖廊國幾活
神嵩王氣五百終　金尺夜下壽康宮
公也垂紳不動色　隱若虎豹蹲深叢
善竹橋頭一腔血　名與西山並嶕崒
城邑南遷朝市空　遺祠香火猶芬苾
我從四耐尋宅基　頹垣野蔓生離離
山風蕭蕭落日黑　暝煙羃樹啼禽悲
悄然愴古抆我淚　仁者必祿天何醉
男兒一死固難逃　寧欲將身徇忠義
君不見

---

3 사회謝晦: 남조南朝 시대 송宋 나라 사람. 소제少帝가 즉위한 뒤 중서령中書令으로서 서연지徐羨之 등과 국정國政을 보좌하다가 이윽고 폐립廢立하는 계책을 세웠는데, 문제文帝가 즉위하여 서연지 등을 베므로 그도 하는 수 없이 군사를 일으켜 반기를 들었으나 마침내 패하여 복주伏誅되었다.

三軍府裏羅劍鋩　忘君易嫡違天常
締構纔畢謝晦死　中橋暴死非人殃

許筠, 『惺所覆瓿藁』 卷一, 戊戌西行錄, a_074_114a

선죽교에서 감회가 있어

김상헌金尙憲*

번화했던 옛 나라 일마다 글러져서
잔치 벌여 놀던 누대 풀 속에 묻혀 있고
지금 선죽교 가장자리 길에는
행인들이 말 멈추고 슬퍼함만 보이네

善竹橋有感

故國繁華事事非　舞臺歌榭草離離
至今善竹橋邊路　唯見行人駐馬悲

金尙憲,『淸陰集』卷二, a_077_022c

* 김상헌金尙憲(1570~1652): 조선 중기의 문신. 자는 숙도叔度, 호는 청음淸陰, 석실산인石室山人, 서간노인西磵老人이며 시호는 문정文正이다.

021

송경

조희일趙希逸*

옛 궁전 터엔 풀빛조차 시들었고
송악산은 말이 없이 석양만 근심하네
선죽교 가장자리의 물은 사연도 많은지
천년토록 오열하며 끝없이 흐르누나

松京

古殿遺墟草色稠　松山無語夕陽愁
多情善竹橋邊水　嗚咽千年不盡流

趙希逸, 『竹陰集』 卷之三, a_083_124a

* 조희일趙希逸(1575~1638): 조선 중기의 문신. 자는 이숙怡叔, 호는 죽음竹陰, 팔봉八峰이다.

022

만월대 오산의 운을 차운함

조희일 趙希逸

능이[1] 계곡은 천년 세월에 변하였고
흥폐는 아득하여 흘러가는 냇물 같은데
누각 위 옛 종엔 찬 햇빛만 비치고
동산 속 교목은 구름 속에 어지럽네
유허엔 몇 명의 시인이나 와서 조문했던가
지난 일은 오직 시골노인이 전할뿐이네
선죽교 가장자리 서쪽 가는 길에서는
지금도 머리 돌려 매양 눈물 흘리네

滿月臺 次五山韻

陵夷谷變閱千年　興廢悠悠感逝川
樓上古鍾寒日照　苑中喬木亂雲纏
遺墟幾遣詩人弔　往事唯憑野老傳
善竹橋邊西去路　至今回首每潸然

趙希逸, 『竹陰集』 卷之六, a_083_171c

[1] 원문의 '陵夷'는 세차던 산의 형세가 점차 미약해짐을 말한다.

선죽교

김광욱 金光煜

포은선생의 외로운 충정은 백이와 같고
높은 이름 천년토록 해와 별에 드리우네
지금도 오열하는 다리 가장자리의 물은
당시 다하지 못한 슬픔을 호소하는 듯하네

善竹橋

圃老孤忠埒伯夷　高名千載日星垂
至今嗚咽橋邊水　似訴當年不盡悲

金光煜, 『竹所集』 卷之三, 詩, b_019_405d

* 김광욱金光煜(1580~1656): 조선 후기의 문신. 자는 회이晦而, 호는 죽소竹所이다.

송도

조문수 曺文秀

만월대는 붕괴하고 송악은 드높은데
오백년 왕업이 이미 모두 사라졌네
누가 알랴, 별도로 상심할 곳이
끝없이 찬물이 흐르는 선죽교임을

松都

滿月臺崩松岳高　半千王業已全銷
誰知別有傷心地　無限寒流善竹橋

曺文秀, 『雪汀詩集』 卷之五, 七言絶句 下, b_024_423c

* 조문수曺文秀(1590~1647): 조선 중기의 문신·서예가. 자는 자실子實, 호는 설정雪汀이다.

025

송도 길 위에서

오숙吳䎘*

길이 평지에 들어서자 해가 저물려 하고
시정¹이 일어 나그네길에 부치려는데
산 빛은 아득하여 마음을 상하게 하고
패기는 쓸쓸하여 눈에 슬픔만 가득하네
한 세대의 의관은 옛 묘소에 남았고
천년 고택은 황폐한 밭이 되어버렸네
선죽교 가장자리 길에서 사람을 만나면
흥망이 도리어 어이 없다 말하려네

松都路上

路入平蕪欲暮天　吟魂聊復寄征鞭
山光縹緲傷心麗　霸氣蕭條滿目憐
一代衣冠餘古墓　千年第宅卽荒田
逢人善竹橋邊路　欲說興亡却惘然

吳䎘, 『天坡集』 第一, 詩, a_095_027c

* 오숙吳䎘(1592~1634): 조선 중기의 문신. 자는 숙우肅羽, 호는 천파天坡이다.
1 원문의 '吟魂'은 시혼詩魂, 시정詩情과 같은 말로 시를 지으려는 마음을 뜻한다.

026

송도

김세렴金世濂[*]

옛 골목엔 소와 말이 석양 아래 노닐고
전 왕조의 누대엔 나무와 노을만 무성한데
산하엔 영웅들의 한이 끝이 없고
우주는 예로부터 싸움터였다네
신기엔 귀룡이 병합함 있으나[1]
도성엔 주인 없이 곡릉[2]만 황폐하니
행인은 도성 동쪽 길을 향하지 말게
선죽교 가장자리엔 풀만 무성하다네

---

[*] 김세렴金世濂(1593~1646): 조선 중기의 문신. 자는 도원道源, 호는 동명東溟이며, 시호는 문강文康이다.
[1] 원문의 '神器'는 이성계가 꿈 속에서 신인으로부터 받았다는 몽금척夢金尺으로 생각되며, "귀룡이 병합함"은 이성계가 조선을 건국함을 지칭하는 뜻으로 쓰인 듯하다.
[2] 곡릉鵠陵: 원성왕元聖王 능의 이름.

松都

古巷牛羊下夕陽　前朝臺殿樹煙蒼
山河不盡英雄恨　宇宙從來征戰場
神器有歸龍并合　名都無主鵠陵荒
行人莫向城東路　善竹橋邊綠草長

金世濂,『東溟集』卷之一, 詩, a_095_135a

선죽교

홍주원洪柱元*

천고의 강상이라 선죽교에는
행인들 말을 세워 넋을 삭이려 하는데
모래 맡의 빗돌에는 기록한 사람 없고
산 절로 우뚝 솟고 물 절로 멀어지네

善竹橋

千古綱常善竹橋 行人立馬欲魂銷
沙頭篆石無人記 山自峩嵬水自遙

洪柱元, 『無何堂遺稿』 册四, 七言絶, b_030_418d

* 홍주원洪柱元(1606~1672): 조선 후기의 문신. 자는 건중建中, 호는 무하당無何堂이다.

028

선죽교를 지나며

홍석기 洪錫箕*

옛 도읍 어느 곳인들 슬픔이 없을손가
최고는 강상으로 한 조각 비석이라네
선죽교 머리맡에서 무한히 눈물 흘리며
봄바람에 말을 세우니 꽃지는 시절이라네

過善竹橋

故都何處不生悲　最是綱常一片碑
善竹橋頭無限淚　春風立馬落花時

洪錫箕,『晩洲遺集』卷之二, b_031_054b

* 홍석기洪錫箕(1606~1680): 조선 후기의 문신. 자는 원구元九, 호는 만주晩洲이다.

029

선죽교를 지나며

신유申濡*

공명의 지혜로 천명을 충분히 알랴마는
몸은 오히려 한나라의 기움을 붙들려 하였고
스스로는 다만 존망의 계책을 지을 뿐
앞길에 죽고 삶이 있음을 보지 못했네
달가¹로 하여금 끝내 죽지 않게 했더라도
하늘이 그처럼 폐한 것은 일이 이미 잘못되었기 때문
홀로 위천²에 배 띄워 의로운 노인 도우려했고
다른 이들은 수양산에 들어가 고사리 캐었네

過善竹橋

孔明智足知天命　身在猶扶漢祚傾
自家但作存亡計　不見前途有死生
縱敎達可終無死　天廢其如事已非
獨乏渭川扶義老　從他去採首山薇

申濡, 『竹堂集』 卷之七, 松都錄, b_031_467b

* 신유申濡(1610~1665): 조선 후기의 문신. 자는 군택君澤, 호는 죽당竹堂·이옹泥翁이다.
1 달가達可: 포은선생의 자字임.
2 위천渭川: 위천은 여상呂尙이 낚시질하다가 주 문왕周文王을 만났던 위수渭水를 말한다.

030

선죽교를 지나는 길에 마음을 달래며* 2수

* 9월 15일 신관을 뵙고 분향한 뒤 선죽교를 지나는 길에 마음을 달래며.

신유 申濡

1

와병으로 편지 글만 즐겼지만
가을 회포를 어찌 감당하랴
우연히 신관을 쫓아 가다가
다시금 옛 다리를 지났네
무너진 성곽은 높이가 말과 같고
찬 시내는 거위처럼 하얀데
황폐한 비석 한 번 읽으려니
눈물이 질펀할까 두렵네

九月十五日 詣新館焚香 路過善竹橋 遣興 二首

臥疾嬉遊簡　秋懷可奈何
偶趨新館去　還夏古橋過
廢郭高齊馬　寒溪白敵鵝
荒碑須一讀　却恐淚滂沱

2

들에서 탁특인 적막한 성곽을 바라보니
황폐한 성은 산 중턱에 둘러 있는데
모래 먼지는 저자 멀리 꿰뚫었고
뽕밭엔 사람들 드물게 보이네
안개와 해는 높은 누각에 생기며
풍천[1]은 쪼개진 문짝에 떨어지는데
화산엔 옛 왕업이 비어 있기에
다시금 낚시터를 생각한다네

野望通寥廓　荒城匝翠微
塵沙穿市遠　桑柘見人稀
霧日生欹閣　風泉落判扉
華山空舊業　重憶釣魚磯

申濡, 『竹堂集』 卷之七, 松都錄, b_031_469a

[1] 풍천風泉:『시경詩經』의「비풍匪風」과「하천下泉」을 축약하여 만들어진 명칭. '풍천'은 임진왜란과 병자호란을 겪은 조선이 명을 높이고 청을 배척하고자 하는 정치적 논리를 마련하는 가운데 탄생된 신조어임.

선죽교 포은선생 비가 세워진 곳

박장원朴長遠[*]

나라 망하고 충신은 죽었으나
오래도록 선죽교는 남아 있네
오열하는 물에 마음 상하는데
물은 차고 바람은 쓸쓸하네
위대하도다 온 천지에서
이곳에 강상을 세워 알림이여
감개한 나는 초혼을 읊조리다가[1]
옛날을 생각하며 애오라지 거닐어보네

善竹橋 卽圃隱先生立碑處

國破忠臣死　千秋善竹橋
傷心嗚咽水　水寒風蕭蕭
大哉乾坤內　綱常此建標
慨余吟楚些　弔古聊逍遙

朴長遠, 『久堂集』 卷之七, 詩, a_121_162d

---

* 박장원朴長遠(1612~1671): 조선 후기의 문신. 자는 중구仲久, 호는 구당久堂·습천隰川이다.
1 원문의 '楚些'는 〈초사楚辭〉 중 초혼招魂의 시구임. 초혼招魂의 시구는 초사의 다른 작품과는 달리 조사가 '사些'로 끝나는데, 이는 '혜兮'음의 전환일 것이라고 추측됨. 여기서는 '초혼'을 나타내는 말로 쓰였다.

송도에서 읊조림

이은상 李殷相*

선죽교 가장자리엔 햇빛이 밝게 빛나고
황폐한 마을 교목엔 까마귀 소리 어지럽네
천년세월 남긴 한은 다할 날 없는데
시냇물도 불평스레 우는 듯 흐르네

松都口占

善竹橋邊白日明　荒村喬木亂鴉聲
千年遺恨無時盡　猶作溪流鳴不平

李殷相, 『東里集』 卷之八, 詩, a_122_478b

---

* 이은상李殷相(1617~1678): 조선후기의 문신. 본관은 연안延安, 자는 열경說卿, 호는 동리東里, 시호는 문양文良, 월사 이정구의 손자이다.

송경회고

윤휴 尹鑴[*]

한강 북쪽에서 필마로 출발하여
갈바람 맞으면서 부소산에 올랐더니
성곽은 그대론데 사람 물색 예 아니요
호걸도 간 데 없고 시서도 없어졌네
흐르는 탁타천은 감회를 자아내고
무너진 선죽교가 슬프게 만드는데
그 시절은 천지 개벽시기가 아니던가[1]
백년의 흥망성쇠 무상하기 짝이 없네
영안성[2] 아래엔 예성강이 흐르는데
푸르른 물줄기가 도읍지를 통과할 뿐
악곡에는 사람 없어 석수만 늙어 있고
구재는 서 있어도 여우 토끼 판이네
천마산 산색도 울울창창하거니와
곡령에 구름은 어찌 그리 창창한가
지나간 숱한 일들 물을 곳이 없어
긴 휘파람에 구름만 둥실 떠나가네

---

[*] 윤휴尹鑴(1617~1680): 조선 후기의 문신·학자. 자는 희중希仲, 호는 백호白湖·하헌夏軒이다.
[1] 원문의 '草昧'는 하늘이 만물을 창조한 이 세상의 시작을 뜻한다. 여기서는 조선왕조 개국 초기의 혼돈한 정세를 나타내는 말이다.
[2] 영안성永安城: 성곽 이름. 지금의 개성시 예성강 상류에 위치하며 세조의 능인 창릉이 있다.

松京懷古

匹馬來從漢水陽　秋風北上扶蘇岡
城郭依依民物非　賢豪寂寞詩書亡
橐駝川流感慨長　善竹橋隨神慘傷
當時天造亦草昧　百年興廢惟無常
永安城下禮成江　惟見滄波通帝鄕
岳谷無人石獸老　九齋有宅狐兔場
天摩山色鬱葱葱　鵠嶺雲氣何蒼蒼
往事悠悠不可問　臨風一嘯行雲翔

尹鑴, 『白湖集』 卷之二, 詩, a_123_033b

'포은전'을 읽고 감회가 있어

홍여하洪汝河[*]

포은 선생 충정은 홀로 현명해서이니[1]
어찌 힘들고 피로하다 하늘을 원망하리
도산과 회해 몇천 리를 오갔던가[2]
오백 년 사직에 살아있는 영령일세
곡령에 밤 구름 드리워 전각은 허전하고[3]
가을비 내리는 압록강에서 누선 보내었네
지금도 선죽교 머리맡 길가에서는
노을 진 풀숲에서 두견새 슬피 우네[4]

---

[*] 홍여하洪汝河(1620~1674): 조선 후기의 문신. 자는 백원百源, 호는 목재木齋, 산택재山澤齋이다.
[1] 포은~현명해서이니: 원문의 '독현獨賢'은 『시경』「소아小雅 북산北山」에 "나만 부려먹으며 홀로 어질다 하네.[我從事獨賢]"라는 구절을 『맹자』「만장萬章 상上」에서 "이 모두가 나랏일인데 나만 혼자서 능력이 있어서 고생한다는 뜻이다.[此莫非王事 我獨賢勞也]"라고 해설한 데서 유래하였다.
[2] 도산島山과~오갔던가: 도산은 일본을, 회해淮海는 중국을 가리킨다. 포은은 1377년(우왕3) 사신으로 일본 규슈에 가서 왜구 단속의 응낙을 얻고, 왜구에게 잡혀간 고려인 수백 명을 귀국시켰다. 또 1382년 성절사聖節使로 명明에 가서 긴장 상태였던 대명對明 국교를 회복하는 데 공을 세웠으며, 이듬해 다시 명에 다녀왔다. 『高麗史』 卷117, 鄭夢周列傳.
[3] 곡령鵠嶺에~허전하고: 곡령은 개성에 있는 송악산松嶽山의 별칭으로, 고려는 개성에 도읍을 정한 뒤 송악산에 왕궁인 만월대를 지었다. 이 구절에서 말하는 전각殿閣은 만월대를 가리키는 것으로 보인다.
[4] 노을~우네: 선죽교는 정몽주가 이방원의 심복 조영규 등에게 격살당한 곳으로, 후일 개성 지방의 전설에 정몽주의 혼이 두견새가 되었다고 한다.

讀圃隱傳有感

老圃精忠賦獨賢　那因勞倦怨蒼天
島山淮海幾千里　宗祏生靈五百年
鵠嶺夜雲虛殿閣　鴨江秋雨送樓船
秖今善竹橋頭路　芳草斜陽哭杜鵑

洪汝河,『木齋集』卷二, 詩, a_124_352a

035

한여두의 운을 빌어 2수

이단하李端夏*

1

옛 왕경에 와서 흥망을 생각해 보나니
발 딛는 성곽 연못마다 온갖 감회가 이는데
으뜸인 곳은 순결한 충신의 피를 흘린 땅으로
지금까지도 나그네의 탄성을 자아내게 하네[원주]

[원주] 선죽교는 포은의 순절처이다.

次韓子仰如斗韻¹ 二絶

興亡來弔舊王京　隨處城池百感生
最是精忠流血地　至今遊子欲吞聲[原注]

[原注] 右善竹橋 圃隱死節處

李端夏,『畏齋集』卷之一, 詩, a_125_264d

* 이단하李端夏(1625~1689): 조선 후기의 문신. 자는 계주季周, 호는 외재畏齋·송간松磵이다.
1 한여두韓如斗: 조선 후기의 문신. 자는 자앙子仰. 한필원韓必遠의 아들이며, 이단하의 처남이다.

2

큰 절개 외로운 충신으로 더 큰 사람 없고
천년토록 영웅 열사 죽고 살아났어도
오늘 관심 끄는 곳은 숭양동으로
사당엔 처량하게 새소리만 들리네[원주]

[원주] 숭양서원은 포은을 제향 하는 곳이다.

其二

大節孤忠人莫京　千秋英烈死猶生
關心此日崧陽洞　遺廟凄涼但鳥聲[原注]

[原注] 右崧陽書院 圃隱享祀處。

李端夏,『畏齋集』卷之一, 詩, a_125_264d

송도 일아당의 시판을 차운하여

남용익 南龍翼*

황폐한 성에 어느 곳이 왕가인가
봄풀만 무정하게 세월을 보내는데
지저귀는 새는 시절이 오래된 줄 모르고
한 마디 소리로 뒷뜰의 꽃을 기억하는 듯하네
누가 삼한을 한 가족으로 만들었는가
여기 와보니 변화함을 물을 곳이 없네
그 해의 놀란 피 아직도 남아 있는 듯
선죽교 가장자리엔 떨어진 꽃이 있네

次松都日哦堂板上韻

荒城何處是王家　春草無情送歲華
啼鳥不知時已遠　一聲猶記後庭花
誰把三韓作一家　此來無處問繁華
當年驚血疑猶在　善竹橋邊有落花

南龍翼,『壺谷集』卷之六, a_131_114a

* 남용익南龍翼(1628~1692): 조선 후기의 문신·학자. 자는 운경雲卿, 호는 호곡壺谷이다.

숭양서원을 지나며

박세채朴世采[*]

기자가 동으로 와서 나라가 망한 지
이륜이 천년 뒤에 숭양에서 회복되었네
한나라 부지하려고 영웅들이 눈물 흘렸고
주자의 학문 이어받아 도학이 빛났었네
우주는 새로워져 허공엔 햇빛이 밝고
산천은 변함 없고 서원만 저절로 높은데
가련하여라 선죽교 머리맡의 물이여
오열하며 서쪽으로 옛 사당 옆을 흘러가네

過崧陽書院

箕聖東來爲國亡　彛倫千載復崧陽
志扶漢祚英雄淚　統接朱門道學光
宇宙長新空白日　山川不改自高堂
可憐善竹橋頭水　嗚咽西流古廟傍

朴世采,『南溪集』卷二, 詩, a_138_056a

[*] 박세채朴世采(1631~1695): 조선 중기의 문신·학자. 자는 화숙和叔, 호는 현석玄石·남계南溪이다.

038

선죽교에 부쳐

이하진 李夏鎭*

감히 선죽교에 이름 부치지 못하겠고
아직도 슬픈 눈물 남아 전 왕조에 뿌리나니
공을 빨리 내심은 하늘의 어떤 뜻인가
고기¹로 하여금 요임금 돕게 한 것은 아니리

題善竹橋

不敢題名善竹橋　尙餘哀淚洒前朝
生公太早天何意　未使皐夔佐帝堯

李夏鎭, 『六寓堂遺稿』 冊一, 詩, b_039_025d

---

* 이하진李夏鎭(1628~1682): 조선 후기의 문신. 자는 하경夏卿, 호는 매산梅山 또는 육우당六寓堂이다.
1　고기皐夔: 요·순堯舜임금의 현신賢臣이었던 고요皐陶와 기夔를 합쳐 부르는 말.

039

선죽교

황징黃徵[*]

한 번 죽는 것 애석할 것 없으니
세 사람¹만 이에 짝할 수 있네
천년 세월에 다리 아래 물만
흐느끼며 지금까지 흐른다네

善竹橋

一死初無惜　三仁此可儔
千年橋下水　嗚咽至今流

尹愭,〈刑曹參判黃公行狀〉『無名子集』, a_256_569a

---

* 황징黃徵(1635~1713): 조선 후기의 문신. 자字는 응삼應三, 호는 대치大癡. 본관은 상주尙州이다.
1　삼인三人: 기자箕子·미자微子·비간比干 등 세 사람을 지칭함.

선죽교

신후재申厚載[*]

곡령엔 소나무 없고 만월대도 비었는데
지금까지 아름다운 기운이 추궁[1]에 둘려 있네
편벽되이 선죽교 앞의 물을 아끼나니
낮밤으로 졸졸 흐르며 동으로 향하네

善竹橋

鵠嶺無松滿月空　至今佳氣繞楸宮
偏憐善竹橋前水　日夜潺湲獨向東

申厚載,『葵亭集』卷之二, 詩, b_042_285c

---

* 　신후재申厚載(1636~1699): 조선 후기의 문신. 자는 덕부德夫, 호는 규정葵亭·서암恕庵이다.
1 　추궁楸宮: 고려 태조 궁궐인 경덕궁敬德宮의 별칭임.

041

선죽교를 지나며

이기홍 李箕洪[*]

강남에 봄빛 들었어도 들꽃은 슬픈데
광악엔 천년토록 정기가 치달렸네
선죽교 가장자리 안개 비 속에 있고
지금도 푸른 피¹와 성인비가 전하네

過善竹橋

江南春色野花悲　光岳千年正氣馳
善竹橋邊煙雨裏　至今碧血口成碑

李箕洪, 『直齋集』 卷之一, 詩, a_149_302d

---

* 이기홍李箕洪(1641~1708): 조선 후기의 학자. 자는 여구汝九, 호는 직재直齋이다.
1　원문의 '碧血'은 '푸른 피'라는 뜻으로 주周나라 장홍萇弘의 고사에 비롯하였다. 장홍은 죄 없이 촉蜀 땅에서 죽어야 했는데, 그를 장사 지낸 지 3년 만에 그의 피는 모두 변하여 푸른 구슬이 되었다고 한다. 〈莊子, 外物〉

042

선죽교

김창협金昌協[*]

시냇물은 콸콸콸 물가 풀은 파릇한데
시냇가 작은 비석엔 고려조를 기록했네
지금까지 장홍의 피 남아 있는 듯한데[1]
만고토록 슬픔은 예양교와 마찬가지네[2]
존망이 이미 갈려 새 왕조 들어서니
순임금의 선양처럼 어찌 다시 논하리
저생이 죽지 않음이 무슨 이익 있었는가
석두성 아래에 떠도는 노랫말이 부끄럽네[3]

---

* 김창협金昌協(1651~1708): 조선 후기의 문신·학자. 자는 중화仲和, 호는 농암農巖, 삼주三洲이며 시호는 문간文簡이다.
1 지금까지 …… 듯한데: 『장자 외물』편에 주 영왕周靈王의 충신 장홍萇弘이 모함을 받아 촉蜀으로 쫓겨나자 할복자살을 하였는데, 그때 흘린 피가 3년 뒤에 푸른 옥으로 변했다고 한다. 여기서는 선죽교에 흘린 정몽주의 피 흔적이 아직까지 남아 있음을 빗대어 표현한 것이다.
2 만고토록~마찬가지: 예양교豫讓橋는 중국 태원부太原府 양곡현陽曲縣 분수汾水 위에 있던 다리로, 전국 시대 진晉나라 예양이 조양자趙襄子에게 죽은 본래의 임금 지백智伯의 원수를 갚기 위해 비수를 품고 숨어 있다가 조양자에게 발각되어 뜻을 이루지 못하고 죽은 곳이다. 『史記』 卷86, 刺客列傳. 포은이 새 임금을 섬기지 않고 절개를 고수하다 살해당한 선죽교가 예양의 경우와 비슷하므로 인용한 것이다.
3 저생의~부끄럽네: 저생褚生은 남조南朝 제齊나라의 저연褚淵을 말한다. 송 명제宋明帝의 두터운 신임을 받았는데 명제가 죽을 때, 그를 중서령中書令과 호군장군護軍將軍으로 삼아 상서령尚書令 원찬袁粲과 고명顧命을 받들고 어린 임금을 보좌하라는 유조遺詔를 내렸다. 뒤에 소도성蕭道成이 송나라를 멸망시키고 제齊나라를 세우려 하자, 원찬과 유병劉秉 등은 그에 불복하였으나 저연은 소도성을 적극 도와 그로 인해 제나라에서 영화를 누렸다. 석두성石頭城은 송나라와 제나라의 도읍지인 건강建康의 별칭으로, 지금의 남경南京이다. 당시 백성들 사이에 "가련하다 석두성아, 원찬처럼 죽을망정, 언회彦回처럼 살지 마세.[可憐石頭城 寧爲袁粲死 不作彦回生]"라는 노래가 유행하여 그의 변절을 비꼬았다. 『南史』 卷28, 褚淵傳.

善竹橋

溪水濺濺溪草綠　溪邊短碣記麗朝
至今疑有萇弘血　終古悲同豫讓橋
已判存亡隨漢鼎　寧論揖遜似虞韶
褚生不死知何益　長愧石頭城下謠

金昌協,『農巖集』卷六, 詩, a_161_406d

곧 조선 왕조가 들어설 때 포은과 달리 변절하고 새 왕조를 도운 고려의 유신遺臣들이 당시에는 비록 부귀영화를 누렸으나 세간의 비난을 면할 수 없었다는 뜻이다.

숭양서원

김창협 金昌協

선죽교 가장자리에선 마음이 서글펐고
숭양묘 아래에선 옷깃 다시 적시는데
봄바람 만리에 속절없이 꽃이 피고
밤비 내린 푸른 산에 고사리가 돋아나네
백사정충 노래의 곡조는 비장하고
칠분신상 그린 영정은 뚜렷한데
드높은 사당 기둥 오랜 세월 견뎠건만
옛 나라의 성과 못은 평지 거의 되었네

崧陽書院

善竹橋邊已愴情　崧陽廟下更沾纓
春風萬里空花發　夜雨青山有蕨生
百死精忠歌曲壯　七分儀像畫圖明
歸然梁棟堪千古　故國城池半已平

金昌協, 『農巖集』 卷六, 詩, a_161_409a

선죽교

김창흡金昌翕*

안개 낀 풀, 서리 내린 시내에 햇살은 차가운데
살신성인의 유혈이 이 가운데 있다네
보통 사람이 자신을 구렁텅이에 던졌다면
한번 죽음이 태산보다 무거울 수 있으랴
역사나 시론에서도 오히려 눈물을 흘리고
작은 다리에서 만나고 이별하는 심정이라네
지나다가 말에서 내림은 관례처럼 하는데
거북머리에 내걸은 표석[1]은 한가함을 즐기네

善竹橋

烟草霜溪日彩寒　成仁遺血此中間
匹夫或自投溝壑　一死誰能重泰山
靑史論時猶涕泗　小橋逢後別心顏
經過下馬應如例　揭表龜頭好是閑

金昌翕, 『三淵集』 卷之六, 詩, a_166_315a

---

* 김창흡金昌翕(1653~1722): 조선 후기의 학자. 자는 자익子益, 호는 삼연三淵이며 시호는 문강文康이다.
1 거북머리에 내걸은 표석: 선죽교 맞은편에 있는 표충각의 영조어제어필비를 지칭한다.

045

송도에 가는 김군산을 송별하며

홍세태洪世泰[*]

그대는 가서 곡령 동쪽을 배회하겠고
옛 도읍엔 시름이 가을하늘에 가득하리
황폐한 성의 나무는 까마귀 빛깔을 띠고
폐해진 정원엔 사람들 벼타령 뿐이네
오리 잡은 공으로 이룬 한 천지에[1]
서린 용의 기운 다하고 영웅은 몇이던가
평생 치밀던 울분도 다하여 얻기 어려워
선죽교 머리에서 포은옹을 곡할 뿐하네

送金君山往松都

君去徘徊鵠嶺東　故都愁思滿秋空
荒城樹色烏鴉雨　廢苑人歌穤稊風
搏鴨功成一天地　盤龍氣盡幾英雄
平生壯憤消難得　善竹橋頭哭圃翁

洪世泰, 『柳下集』 卷之三, 詩, a_167_360d

---

* 홍세태洪世泰(1653~1725): 조선 후기의 시인. 자는 도장道長, 호는 창랑滄浪·유하柳下이다.
1　오리~천지에: 태조 왕건이 고구려를 공략하여 이룩한 고려 왕조를 뜻한다.

046

선죽교 병술년(1706)

홍세태 洪世泰

송도의 술을 실컷 마시고는
선죽교에서 슬피 노래하는데
황폐한 터에서 석양을 바라보니
작은 비석이 전 왕조를 위무하네
천지가 거듭 번복하고
산하가 결국 적막한데
동풍은 나그네 뜻을 불어내고
평야는 한결같이 아득도 하네

善竹橋 丙戌

痛飮松都酒　悲歌善竹橋
荒墟看落日　短碣撫前朝
天地曾飜覆　山河遂寂寥
東風吹客意　平綠一迢迢

洪世泰,『柳下集』卷之四, 詩, a_167_373a

선죽교를 지나며*

* 저녁에 돌아올 때 선죽교를 지났는데 포은선생의 성인비가 있었다.
말에서 내려 방황하다가 감개함을 이기지 못하여 한 절구를 지었다.

이희조李喜朝**

선죽교 가장자리 물은 저절로 울어대고
오늘 객이 와서 충신의 넋을 위로하네
우리나라 또한 무궁한 베풂을 받았으니
한 계통의 떳떳한 윤리 만고에 남으리라

過善竹橋

夕歸時 過善竹橋 有圃隱先生成仁碑 下馬彷徨 不勝感嘅得一絶

善竹橋邊水自喧　客來今日吊忠魂
吾邦亦受無窮賜　一脉彛倫萬古存

李喜朝,『芝村集』卷之一, 詩, a_170_018b

** 이희조李喜朝(1655~1724): 조선 후기의 문신. 자는 동보同甫, 호는 지촌芝村이다.

048

송도회고

이관명李觀命*

황량한 산 한 자락에 석양이 드는데
궁궐과 누각 곳곳마다 의심스럽네
선죽교 가장자리에 오열하는 물은
분명 자취 남긴 후인들의 슬픔이리

松都懷古

荒山一種夕陽時　玉殿金樓處處疑
善竹橋邊嗚咽水　分明遺躅後人悲

李觀命, 『屛山集』 卷之二, a_177_029a

* 이관명李觀命(1661~1733): 조선 후기의 문신. 자는 자빈子賓, 호는 병산屛山이다.

선죽교

김창즙金昌緝*

강남 만리엔 들꽃이 드날리는데
무슨 일로 선생은 이 다리에서 죽었는가
큰집이 기울어짐에 마룻대가 되고자했고
외로운 배 엎어지지 않았으나 이미 꺾였네
한줄기 시내의 원통한 피에 봄은 짙푸른데
만대의 외로운 충혼은 개인 해처럼 빛나네
말을 매고 홀로 와서 작은 비석을 찾으니
저절로 머리칼이 서서 섬뜩하게 하네

善竹橋

江南萬里野花飄　何事先生死此橋
大廈垂傾方作棟　孤舟未覆已摧橈
一川寃血春蕪碧　萬代孤衷霽日昭
歇馬獨來尋短碣　自令頭髮凜蕭蕭

金昌緝, 『圃陰集』 卷之一, 詩, a_176_367d

* 김창즙金昌緝(1662~1713): 조선 후기의 문신·학자. 본관은 안동. 자는 경명敬明, 호는 포음圃陰. 형 창집昌集·창협昌協·창흡昌翕·창업昌業과 함께 문장의 대가로 당시 '육창六昌'이라 불렸다.

개성부에 머물며

권이진權以鎭*

여염집이 차지한 땅이 웅장한 도읍이었고
박압조계¹를 장도에서 보았는데
선죽교 머리맡에 오열하는 물결과
천년토록 남을 한이 완부를 서게 하였네

留開城府

閭閻撲地尙雄都　搏鴨操雞見壯圖
善竹橋頭嗚咽水　千年餘恨立頑夫

權以鎭, 『有懷堂集』 卷之二, 詩, b_056_181a

---

* 권이진權以鎭(1668~1734): 조선 후기의 문신. 자는 자정子定, 호는 유회당有懷堂・수만헌收漫軒이다.
1 원문의 '搏鴨操雞'는 '操雞搏鴨'으로도 쓰는데, 고려 건국시 전하는 말로 왕건이 고구려와 신라를 공략하는 데 있어 "먼저 닭을 잡고 난 뒤에 오리를 잡아야 한다"는 비책이 있었다. 즉 "계림을 취하고 압록강을 친다."는 뜻을 비유한 말이다.

곡령

최창대崔昌大[*]

곡령[1]의 뜬 구름은 왕기를 걷어내고
가을바람 부는 옛 성 머리에 말을 매니
상심하던 선죽교 가장자리의 물도
추궁에 도착해서는 오열하며 흐르지 않네

鵠嶺

鵠嶺浮雲王氣收　秋風駐馬古城頭
傷心善竹橋邊水　繞到楸宮咽不流

崔昌大,『昆侖集』卷之二, 詩, a_183_041c

---

[*] 최창대崔昌大(1669~1720): 조선 후기의 문신·학자. 자는 효백孝伯, 호는 곤륜昆侖이다.
[1] 곡령鵠嶺: 개성에 있는 송악산松嶽山의 이칭. 최치원이 신라가 망하고 고려가 흥할 것을 알고, 고려 태조에게 "곡령에 솔이 푸르고 계림에 잎이 누렇다[鵠嶺松靑 鷄林黃葉]"고 예언하였다고 한다.

052

선죽교를 보고*

* 송도에 도착하여 숭양서원을 배알하고 이어 선죽교를 보다

이의현李宜顯**

하늘이 말기에 종신으로 빼어나게 하여
오백년 이래 세상 사람들과 달랐는데
정통한 맥락은 곧바로 주자를 계승하고
외로운 충신 홀로 이웃을 믿게 하였네
의리를 발휘하여 지혜의 눈을 열었고
윤리를 높이 받들어 한 몸에 맡겼네
선죽교 가장자리에서 감개함이 더하는데
장홍¹의 푸른 피가 더욱 새로워라

** 이의현李宜顯(1669~1745): 조선 후기의 문신. 자는 덕재德哉, 호는 도곡陶谷이다.
1 장홍萇弘: 주周나라 충신으로 죄 없이 촉蜀 땅에서 죽어야 했는데, 그를 장사 지낸 지 3년 만에 그의 피는 모두 변하여 푸른 구슬이 되었다고 한다. 이로 인해 '푸른 피[碧血]'라는 성어가 생겼다.〈장자莊子, 외물편外物篇〉

到松都 謁崧陽書院 仍觀善竹橋

天敎末運挺宗臣　五百年來間世人
正脉直承朱子後　孤忠獨與信公鄰
發揮義理開千眼　高揭倫常任一身
善竹橋邊增感慨　萇弘碧血凜如新

　　　　　　　李宜顯, 『陶谷集』 卷之三, 詩, a_180_374b

선죽교

김춘택 金春澤*

고려가 아직도 있는 것 같이
천지가 이 다리를 빗겨 있네
죽음은 서산의 굶주림보다 심했지만¹
마음엔 북두의 명성이 없었다네²
서리 내린 숲은 넓은 들판을 에웠고
모래 물은 외로운 성을 둘렀는데
흐르는 피는 어디에서 머무는가
예부터 푸른 대 난 곳이라 전하네

---

* 김춘택金春澤(1670~1717): 조선 후기의 문신. 자는 백우伯雨, 호는 북헌北軒이다.
1 원문의 '西山餓'는 이백李白의 시구 "백이숙제는 누구 인가, 홀로 서산에서 굶주리며 지켰다네[夷齊是何人 獨守西山餓]"에서 따온 것으로 은사의 지조를 뜻한다.
2 원문의 '北斗名'은 '斗南名'과 같은 말인데 북두성의 남쪽에 있는 별자리의 명성을 뜻한다. 곧 천하제일의 사람임을 나타내는 말이다.

善竹橋

高麗猶若在　天地此橋橫
死甚西山餓　心無北斗名
霜林圍曠野　沙水帶孤城
流血定何處　舊傳蒼竹生

金春澤,『北軒集』卷之六, 詩, a_185_086b

송도를 지나다 감회가 있어

이덕수 李德壽*

비바람이 불어 가옥을 뒤흔들고
구석구석 한 나무가 지탱하듯 한데
가여워라 선죽교 주변의 핏자국
송도 오백년 구제할 기약이 없었네
천명과 천위가 힘써야 옮겨지는 것
충신도 당일에 응당 알았으리
식록 때문에 임금의 은혜가 중하다면
천추에 매국자로 부끄럽게 남으리라
세상밖의 산은 푸르고 풀은 지게를 잠갔으며
바람 앞의 서리 강해 국화는 꺾이려는데
저절로 나라 걱정 때문에 시정은 감해지고
괴질은 집안의 어린 여자아이를 죽게했네

어떤 스님이 비菲·비扉·귀歸 세 운을 포은에게 주었는데, 그 '귀歸'자 운에 「청산은 어느 곳도 돌아가기에 마땅치 않네[靑山何處不宜歸]」라는 시구가 있었다. 공이 시를 보고 눈물 흘리며 말하기를 "아, 늦었도다. 늦었도다." 하였다. 공이 운명하던 날에 일찍 친구를 찾아갔는데 친구가 마침 없었고 국화만 섬돌에 가득하였다. 공은 명하여 술을 마시고 스스로 노래를 지었는

---

* 이덕수李德壽(1673~1744): 조선 후기의 문신. 자는 인로仁老, 호는 벽계蘗溪 또는 서당西堂이다.

데 음절이 격렬하였을 뿐이다. 탄식하며 말하길 "경물이 이 같으니 아깝다, 풍색이 몹시도 모질구나."하였다. 이윽고 나가서는 결국 해를 당하였다. 또한 공은 집에서 평일에는 즐겨 측간에서 시를 지었는데 집사람들이 "요즈음은 어찌 측간에서 시를 짓지 않으십니까." 하니, 공인 추연히 말하길 "시 생각이 없어졌다."고 하였다.

過松都有感

風雨飄搖棟宇欹　區區一木若爲支
可怜善竹橋邊血　無救崧都五百期
天命天爲力可移　忠臣當日亦應知
祗緣食祿君恩重　留愧千秋賣國兒
世外山靑草鎖扉　風前霜重菊摧枝
自從憂國詩情減　怪殺家中小女兒

有僧以菲扉敀三韵 投圃隱 而其敀字有曰 靑山何處不宜敀 公得詩流涕曰 鳴呼其晚矣其晚矣 及公隕命之日 早過友人 友人適不在 菊花滿階 公命取酒自爲歌 音節激烈而已 歎曰 景物如此可惜 風色甚惡 俄出而遂遇害 又公家居平日 喜在廁上作詩 家人問近日何不廁上作詩 公愀然曰 詩思也沒

李德壽, 『西堂私載』 卷之一, 詩, a_186_130b

선죽교

조문명趙文命*

1

황폐한 다리 짧디짧은데 작은 시내 언덕엔
무슨 일로 많은 행인들은 말을 세웠는가
냇물은 마르지 않고 흐르며 다리는 갈라지지 않은 채
마치 지주처럼 부셔진 물결에 우뚝 서 있네

善竹橋

荒橋短短小溪阿　何事行人駐馬多
溪不涸來橋不泐　也如砥柱屹頹波

---

* 조문명趙文命(1680~1732): 조선 후기의 문신. 자는 숙장叔章, 호는 학암鶴巖이다.

2

다리 주변에 말을 내려 오랫동안 배회하면서
선생이 목숨을 버릴 때를 상상하나니
감히 당일의 일을 상세히 논할 수 없고
단지 슬피 눈물 지으며 황폐한 비석에 뿌리네

其二

橋邊下馬徘徊久　想像先生授命時
不敢細論當日事　只將悲涕洒荒碑

趙文命,『鶴巖集』册一, 詩, a_192_392d

선죽교

윤봉조 尹鳳朝[*]

만고에 누군들 죽음이 없을손가
황폐한 다리에서 홀로 이름을 칭송하네
종묘사직[1]은 모두 부숴졌어도
충성스런 피는 아직도 선명하네
산천이야 언제 다하겠는가
건곤이 이 길에 빗기었네
길 가는 이들 매번 말에서 내리며
나도 선생을 위하여 눈물을 짓네

善竹橋

萬古誰無死　荒橋獨誦名
宗祊頭共碎　忠憤血猶明
川嶽何年盡　乾坤此路橫
經行每下馬　我涕爲先生

尹鳳朝, 『圃巖集』 卷之五, 詩, a_193_196d

* 윤봉조尹鳳朝(1680~1761): 조선 후기의 문신. 자는 명숙鳴叔, 호는 포암圃巖이다.
1 종팽宗祊: 종묘사직과 같은 말임.

057

송경을 지나며

김도수金道洙*

석양은 숭양서원을 비추고
슬픈 바람은 선죽교에 부네
충신의 피는 아직도 푸른데
차마 전 왕조의 일을 묻지 못하겠네

過松京

殘照崧陽院　悲風善竹橋
忠臣血猶碧　不忍問前朝

金道洙, 『春洲遺稿』 卷之一, 詩, a_219_012d

* 김도수金道洙(?~1742): 조선 후기의 문신. 호는 춘주春洲이다.

058

선죽교에서 포은선생을 생각하며 [원주]

[원주] 선생이 순절한 곳이다. 신유年酉(1741, 영조17)에 어제 수구를 비석에 새겼다.

윤봉구 尹鳳九*

만고의 떳떳한 도리가 이 다리에 있나니
슬픈 노래 아직도 하늘에 격렬하여라
이치에 밝으셨으니 어찌 천명을 몰랐던가
의리가 큼을 죽음으로 본조에 알게 하였네
우리의 도가 전해져 문명이 추락하지 않고
황제의 포상이 새겨져 매우 밝기에
나라 잃은 신하에게 규범 되어 어긋남이 없고
계우하신 공이 오롯하여 내가 되려 힘입었네

善竹橋 懷圃隱先生 [原注]

[原注] 卽先生立懂處 當宁辛酉 御製數句銘立碑.

萬古綱常有此橋　悲歌激烈尚干霄
理明寧或迷天命　義大惟知死本朝
吾道東傳文不墜　宸褒西鑱日爭昭
罔臣授範無相悖　啓佑功專我反聊

尹鳳九,『屏溪集』卷之二, 詩, a_203_047d

* 윤봉구尹鳳九(1683~1767): 조선 후기의 문신·학자. 자는 서응瑞膺, 호는 병계屏溪 또는 구암久菴이다.

059

선죽교에서 감회가 있어 읊다

김진상金鎭商[*]

송산 옆에 있는 작은 시냇가는
선생이 순절하던 때를 길이 기억하리
사당 문을 열고 영정을 배알하고서
황폐한 다리에서 말을 내려 비석을 읽네

善竹橋感吟

崧山之側小溪湄　長憶先生死節時
遺廟開門瞻古像　荒橋下馬讀殘碑

金鎭商,『退漁堂遺稿』卷之一, 詩, b_066_140b

[*] 김진상金鎭商(1684~1755): 조선 후기의 문신. 자는 여익汝翼, 호는 퇴어退漁이다.

포은서원

임징하任徵夏*

선죽교 일은 이미 잘못이었네
청산 어느 곳에 남은 고사리 있으랴
황폐한 사당 한 구석에 새 농포를 여니
셀수 없이 꽃을 따려 벌나비 날아드네

圃隱書院

善竹橋邊事已非　青山何處有餘薇
荒祠一面開新圃　無數菜花蝴蝶飛

任徵夏, 『西齋集』 卷之一, 安定錄, b_068_450c

* 임징하任徵夏(1687~1730): 조선 후기의 문신. 자는 성능聖能, 호는 서재西齋이다.

송도

심사주沈師周*

말을 석양을 따라 물길에서 돌리고
여행길 매우 근심되어 이곳을 지나는데
인민과 사물이 번창해 시장을 이루었고
성의 연못은 적막하나 옛 산천 그대로네
옛 궁궐 무성한 풀밭엔 가축이 흩어져 있고
폐해진 동산의 남은 꽃엔 나비들 한가롭네
선죽교 머리맡에서 긴 탄식을 하노라니
천마산은 옛날 얼굴을 부끄러워 않네

松都

馬隨斜日水流還　行旅堪愁過此間
民物繁華猶市井　城池寥落舊河山
故宮蕪草雞豚散　廢苑殘花蛺蝶閒
善竹橋頭一嘆息　天磨無愧昔時顔

沈師周,『寒松齋集』卷之二, 詩, b_070_466d

* 심사주沈師周(1691~1757): 조선 후기의 문신. 자는 성욱聖郁, 호는 한송재寒松齋이다.

송도회고 이맹균운을 차운하여

이철보 李喆輔[*]

운수가 그같이 오백년으로 마치니
삼한 통일한 공을 헛되이 소비했네
후손의 실정으로 인심은 떠나고
열사는 순절하여 국사가 비었네
제비는 석양에 향기풀 밖에서 지저귀고
새들은 이슬비에 숲에서 우는데
전 왕조의 물색은 오직 명월뿐으로
밤마다 맑은 빛이 성 동쪽에 부서지네
부덕으로 복록이 영원히 끊겼으니
창업 당일엔 무슨 공이었던가
궁병[1]은 문치의 중대함을 모르고
불사를 유교로 바꾼 패업[2]이 허사이네
옛절엔 종소리가 노을 속에 울리고
황폐한 누대엔 냉이가 연기 속에 엉겼는데
선죽교 가장자리 일엔 마음 상하지만
뛰어난 명성은 길이 해동에 가득하길

---

[*] 이철보李喆輔(1691~1775): 조선 후기의 문신. 자는 보숙保叔, 호는 지암止庵이다.
[1] 궁병窮兵: 무력으로 전쟁을 일삼는 것을 지칭하는 말임, 궁병독무窮兵黷武.
[2] 원문의 '伯業'은 '패업霸業'과 같은 뜻으로 쓰이는 말이다.

松都懷古 次李孟畇韵

曆數其如五百終　當時謾費統三功
孱孫失政人心去　烈士殉身國事空
燕語斜陽芳草外　鳥啼微雨上林中
前朝物色惟明月　夜夜清光廢堞東
否德由來祿永終　創垂當日問何功
窮兵却昧文治重　事佛還敎伯業空
古寺鍾鳴殘照裡　荒臺薺合斷烟中
傷心善竹橋邊事　長使英名滿海東

李喆輔, 『止庵遺稿』 冊一, 詩, b_071_004a

선죽교*

* 삼가 새 비석의 어제어필을 우러러 보고나서 곧 구비와 돌 위의 혈흔을 보았다. 다시 숭양서원에 들어가서 유상을 배알하고, 삼가 숙종 임금의 신장宸章을 읽었다.

정간鄭榦**

선죽교의 비석을 우러러 보고
숭양사의 영정을 배알하니
충렬한 기상은 모발을 서게 하고
혈흔은 눈물을 자아내게 하네
임금님의 글로 포숭한 곳으로
백성들 도리를 수립할 때인데
선생은 나를 알지 못하지만
큰 마을¹의 한 쪽 방손이라네

** 정간鄭榦: 조선 후기의 문신. 영일정씨로 포은의 방계傍系 지손支孫임.
1 원문의 '闕里'는 공자가 태어난 곡부의 지명인데, 전의되어 '성현이 태어난 마을'을 지칭한다. 여기서는 포은이 태어난 영일을 지칭한다. 즉 작자가 영일정씨임을 나타내기 위해 쓴 말이다.

善竹橋

敬瞻新碑御題御筆 仍觀舊碑及石上血痕 轉入崧陽書院 祇謁遺像 敬讀肅廟宸章.

瞻碑善竹里　拜像崧陽祠
忠烈颯毛髮　血痕堪涕洟
宸翰褒崇地　民彝樹立時
先生知我否　闕里一傍支

鄭榦,『鳴皋集』卷之二, 詩, b_071_397b

064

선죽교

김신겸金信謙[*]

다시 선죽교에 와서 보니
물결은 오히려 잔잔해졌는데
머뭇거리며 감히 말을 못하고
감회의 눈물만 말없이 흐르네
어찌 한 번 죽음을 아끼랴만
죽음은 태산 같이 무거운 일이네
고사리 캐며 주릴 줄을 알았는가
나에겐 일이 어려운 건 아니네
붉은 마음은 오랜 세월부터이고
들꽃은 해마다 얼룩지는데
비석 아래서 슬피 노래하나니
해는 지고 외로운 까마귀 돌아가네

* 김신겸金信謙(1693~1738): 조선 후기의 학자. 자는 존보尊甫, 호는 증소橧巢이다.

善竹橋

重來善竹橋　流水猶潺湲
躑躅未敢言　感淚默潸潸
何曾惜一死　死有重泰山
還知採薇餓　在我事非艱
丹心自萬古　野花年年斑
悲歌短碣下　日落孤鵝還

金信謙,『橧巢集』卷之五, 詩, b_072_194b

송경

정민교鄭敏僑

송경을 지금 다시 지나가니
나그네 생각은 쓸쓸해지네
봄날 현릉의 나무에 말을 매니
하늘도 선죽교를 슬퍼하였네
조각구름은 지난 자취 아는 지
남은 해는 전 왕조를 띠었는데
길에 가득한 행인들 화답하고
아동들은 아직도 옛노래를 부르네

松京

松京今再過　客意轉蕭條
春駐顯陵樹　天悲善竹橋
片雲知往跡　殘日帶前朝
滿路行相答　兒童尚舊謠

鄭敏僑,『寒泉遺稿』卷一, 詩, b_075_434b

* 정민교鄭敏僑(1697~1731): 조선 후기의 시인. 자는 계통季通, 호는 한천寒泉이다.

선죽교

유언술兪彦述[*]

청풍을 누군들 백이에게서 듣지 않았나
명성은 지금도 나무꾼 목동들도 징험할 수 있네
누가 샘물을 흘려 가파른 언덕[1]을 오열케 하나
허공엔 저녁 비 머물러 구름을 적시었네
풀 속 옛길엔 오랫동안 피가 묻혀 있고
이끼 마른 비석[2]은 반이나 글씨가 깨져 있네
홀로 서서 천고의 일을 깊이 읊조리나니
석양에 까마귀는 칠왕분[3]에서 우네

---

[*] 유언술兪彦述(1703~1773): 조선 후기의 문신. 자는 계지繼之, 호는 송호松湖・지족당知足堂・서고西皐이다.
[1] 원문의 '斷隴'은 산등성 끊어진 가파른 언덕을 말한다.
[2] 원문의 '殘碑'는 비바람을 견디며 남아서 오래도록 전해 내려오는 비석을 말한다.
[3] 칠왕분七王墳: 순친왕 혁환의 능묘이다. 중국 북경 서교 북안하의 서북20여리에 있는 묘고봉 고향도 옆에 있다. 혁환은 도광제의 7째 아들로 경사의 유명한 풍수대가 이당李唐에게 명하여 선정한 묘지이다.

善竹橋

淸風誰不伯夷聞　名姓今徵樵牧羣
誰遣流泉鳴斷隴　空留暮雨濕凝雲
草深古道長埋血　苔沒殘碑半蝕文
獨立沉吟千古事　夕陽鴉噪七王墳

兪彥述,『松湖集』卷之一, 詩, b_078_315b

만월대

송명흠 宋明欽*

화원엔 해 저물고 나그네 마음은 슬픈데
선죽교 머리맡에서 옛 비석을 읽노라니
어디선가 피리소리 찬 달 아래에 들리기에
문득 위화도 말 앞에서 불던 일 생각났네

滿月臺

花園日暮客心悲　善竹橋頭讀古碑
何處角聲寒月下　却思威化馬前吹

宋明欽, 『櫟泉集』 卷之一, 詩, a_221_016a

* 송명흠宋明欽(1705~1768): 조선 후기의 문신·학자. 자는 회가晦可, 호는 역천櫟泉이다.

068

죽교행

황경원黃景源[*]

선죽교는 천하에 유명하건만
한 빗돌은 석 자도 채 안되네
비바람 처량히 불고 해는 저무는데
교목 아래 물 흐르고 구름 안개 캄캄하네
오천선생[1] 큰 절개를 품으신 채
단심가로 산악에 맹세하셨지
사나운 무사들이 수레에 달려드니
금빛 갑옷 부딪치며 보검이 번쩍였네
사직은 하늘이 이미 무너뜨렸고[2]
선생은 북쪽 길에서 돌아가셨네
옛날 내가 임고서원 갔을 적에
봄산에서 술을 따라 혼백에 권하였지
지금 옛 도읍 찾아와서 어른들 뵙고
숭양 옛 서원을 돌아보니 자규가 곡하네
솔잣나무 짙디짙고 살구꽃 흩날리는데

---

[*] 황경원黃景源(1709~1787): 조선 후기의 문신·예학자禮學者. 본관은 장수長水. 자는 대경大卿, 호는 강한유로江漢遺老이다. 이재李縡의 문인이다.
[1] 오천선생烏川先生: 포은선생을 가리킨다. 포은선생이 오천정씨烏川鄭氏이기 때문이다. 오천烏川은 경상도 영일迎日의 옛 이름이다.
[2] 사직은~무너뜨렸고: 『중용』제17장에서 "그러므로 하늘이 물건을 낼 적에는 반드시 그 재질을 따라 돈독히 한다. 그러므로 심은 것은 북돋아 주고, 기운 것은 엎어 버리는 것이다.[故天之生物, 必因其材而篤焉. 故栽者培之, 傾者覆之.]"라고 하였다.

지금도 작은 비석이 다리 곁에 서있네
이 돌이 어찌하여 만인의 예를 받는가
선생이 백세의 법도를 바루었기 때문이네

竹橋行

竹橋聞天下 　　一石不能滿三尺
風雨凄凄白日暮　喬木流水雲霧黑
烏川先生有大節　百死悲歌誓山嶽
桓桓武夫車下走　金甲相磨寶劒白
社稷天已覆 　　先生死北陌
昔者我游臨皐 　　酌酒春山侑魂魄
今過古都訪父老　崧陽廟古子規哭
松栢陰陰杏花飛　至今短碑立橋側
此石豈使萬人式　先生能正百世則

黃景源,『江漢集』卷之一, a_224_008b

069

선죽교

신광수 申光洙*

세모의 슬픈 노래는 서관¹을 나서고
고려 옛나라는 다만 청산뿐인데
석양에 지나는 객은 아는 이 없고
선죽교 앞에서 홀로 절하고 돌아서네

善竹橋

歲暮悲歌西出關　高麗舊國但靑山
斜陽過客無人識　善竹橋前獨拜還

申光洙,『石北集』卷之二, 西關錄, a_231_234a

---

* 신광수申光洙(1712~1775): 조선 후기의 문인. 자는 성연聖淵, 호는 석북石北 또는 오악산인五嶽山人이다.
1 　서관西關: 황해도와 평안도를 함께 이르는 말. 서도西道.

070

선죽교

김이안金履安[*]

밭머리의 물은 콸콸 넘쳐 흘러서
백보에서도 오열하는 소리 들리는데
황폐한 다리는 언제 회복할 수 있을꼬
옛길에는 수레 바퀴자국도 없네
무슨 말로 내가 여기에 오게 되었나
중요한 건 시중의 핏자국이라네
사방을 둘러보고 머뭇거리다가
가다가 다시금 비석을 읽는다네
고려의 정치는 옛날에 기강을 잃었고
하늘과 사람도 오래도록 단절되었네
좋은 운수는 참 임금에게 있었고
떠받던 공신들 모두 영웅들이었네
선생은 홀로 어떤 사람인가
구역마다 하늘이 찢겨진 곳을 깁다가
눈물을 휘뿌리고 선게[1]를 사양하셨네
항거하는 노래에 신하의 절개를 맹서하고
폐하고 흥함이 분명 운명에 있었네
의리와 명분만이 스스로 다할 바로

---

[*] 김이안金履安(1722~1791): 조선 후기의 학자·문신. 자는 원례元禮, 호는 삼산재三山齋이다.
[1] 선게禪偈: 선문禪門의 계송偈頌.

밝디밝게 이 마음을 밝혔으며
목숨 버림이 결렬하지 않았어도
영원토록 임금과 백성이 배울 바로
옛날의 기와 설과 짝함이 있다네²
안타까와라 시운이 상서롭지 않고
어떤 연유로 시설을 보았는가
예로부터 상란³하는 즈음에는
재앙을 만나는 건 꼭 성철이었네
담이⁴를 한 몸에 있게 하고
인륜을 기탁하여 사라지지 않았네
하늘의 뜻이 실로 여기에 있나니
뜻있는 선비는 원한을 맺지 말게나

善竹橋

決決田頭水　百步聞嗚咽
荒橋復何有　古道無車轍
云何使余來　重是侍中血
四顧爲踟躕　行復讀短碣
麗政昔失紀　天人久所絶
乘運在眞主　翊戴皆英傑
先生獨何者　區區補天裂
揮涕謝禪偈　抗歌矢臣節

2　기설夔卨: 순舜임금을 섬긴 두 명신名臣의 이름이다. 〈서경書經 순전舜典〉
3　상란喪亂: 전쟁, 전염병, 천재지변 따위로 사람이 죽는 재앙.
4　담이湛夷: "평안한 마음이나 행동"을 뜻하는 말.

廢興亮有命　義分所自竭
炯炯此心明　捐生非決烈
永惟君民學　在古儷夔卨
惜哉時不祥　何由見施設
自昔喪亂際　遭罹必聖哲
湛夷在一身　人綱寄不滅
天意信在玆　志士莫寃結

金履安,『三山齋集』卷之一, 詩, a_238_311d

선죽교

정범조 丁範祖[*]

한 굽이 푸른 시내의 물
천년 세월의 선죽교
윤리는 그 뒤에 중히 되었어도
국운은 이 사이에 사라졌네
가을날이 몹시도 쓸쓸하고
산하는 절로 저물었다 밝아지는데
정령들은 벌리어 머물러 있어도
감히 성급하게 부르지 못하겠네

善竹橋

一曲淸川水　千年善竹橋
倫常然後重　國運此間消
秋日何蕭索　山河自暮朝
精靈參列宿　不敢楚招招

丁範祖, 『海左集』 卷之二, 詩, a_239_251d

[*] 정범조 丁範祖(1723~1801): 조선 후기의 문신. 자는 법세法世, 호는 해좌海左이다.

072

선죽교

홍양호洪良浩*

선죽교 가장자리에 석양이 밝은데
숭양서원 비석 아래엔 단운[1]이 빗겼네
물은 흘러도 충신의 피를 씻어내지 못하고
산새들은 모두 옛 나라의 소리를 품었네

善竹橋

善竹橋邊夕照明　崧陽碑下斷雲橫
江流不洗忠臣血　山鳥皆含故國聲

洪良浩, 『耳溪集』 卷之三, 詩, a_241_036a

* 홍양호洪良浩(1724~1802): 조선 후기의 문신. 자는 한사漢師, 호는 이계耳溪이다.
1 단운斷雲: 여러 개의 조각으로 끊어진 듯이 떠 있는 구름.

선죽교

홍양호 洪良浩

석 자 외로운 비석을 말에서 내려 보나니
천년세월 숭악과 함께 우뚝 솟았는데
끊어진 다리엔 피가 엉겨 벽혈[1]을 이루었고
백골이 티끌이 되어도 단심을 고치지 않았네
한 손으로 어찌 큰집을 떠받칠 수 있었으리
한 몸도 오히려 기운 물결에 휩쓸릴 뿐이네
지금 태평성대에 이름과 절개가 추숭되고
문물이 빛나니 선비들의 단초가 되었네

善竹橋

三尺孤碑下馬看　千年崧嶽並巑岏
斷橋有血應成碧　朽骨爲塵不改丹
隻手詎能扶大廈　一身猶足激頹瀾
至今聖代崇名節　文物彬彬士趣端

洪良浩,『耳溪集』卷之六, a_241_093c

1　벽혈碧血: 푸른빛을 띤 진한 피. 정의正義를 위해 흘린 피, 순국열사殉國烈士의 희생 등을 상징한다.

선죽교

조영순 趙榮順[*]

1

산하는 고금의 슬픔을 다하지 못하고
옛 나라의 성과 못은 반이나 변하였는데
백사정충가 한 곡조를 노래하고
길 가는 이들 시중의 읍비에 배알하네

善竹橋

山河不盡古今悲　舊國城池半是非
百死精忠歌一曲　路人猶拜侍中碑

[*] 조영순趙榮順(1725~1775): 조선 후기의 문신. 자는 효승孝承, 호는 퇴헌退軒이다.

2

푸른 피 붉은 마음 적고 많음을 묻노니
황폐한 다리 석양엔 까마귀 지나는데
지금도 한이 동으로 흐르는 물에 남아
행인들이 물결 일지 않음을 오열케 하네[1]

其二

碧血丹心問少多　荒橋斜日一鴉過
至今有恨東流水　摠爲行人咽不波

趙榮順, 『退軒集』 卷之一, 詩, b_089_269d

---

[1] 원문의 '不波'는 '물결이 일지 않는다.'는 뜻이나 전의되어 '흔들리지 않는 부동심不動心'을 나타내는 말로도 쓰인다.

075

선죽교

목만중睦萬中[*]

오월 오일 서경의 길을 나서니
계곡 물 동쪽엔 향기로운 풀이 많은데
성안의 나무꾼 목동들 노래하다 곡하고
다리 위의 행인들 말에서 내려 지나가네

善竹橋

五月五日西京道　流水溪東芳草多
滿城樵牧歌還哭　橋上行人下馬過

睦萬中, 『餘窩集』 卷之一, b_090_012d

[*] 목만중睦萬中(1727~1810): 조선 후기의 문신. 자는 유선幼選, 호는 여와餘窩이다.

송도에서 단오절에 감회를 적다

목만중 睦萬中

석양에 철쭉은 옛 남문에 피었고
성곽과 연못 누대는 남아 있지 않는데
연로¹는 황폐한데 단오에 비가 나리니
산수국은 저절로 옛 후원에 피었네
빈산의 능묘엔 솔잣나무도 없고
남으로 건넌 사대부²에 자손이 있는데
선죽교 가장자리 한 조각 비석은
다시금 사부를 지어 초혼케 하네

松都端午記感

斜陽躑躅古南門　城郭池臺不復存
輦路屢荒端午雨　苽花自發古侯園
空山陵墓無松栢　南渡衣冠有子孫
善竹橋邊一片石　更將詞賦與招䰟

睦萬中, 『餘窩集』 卷之一, b_090_012d

1　연로輦路: 천자天子의 수레가 다니는 길. 임금이 다니던 길.
2　원문의 '南渡衣冠'는 '남쪽으로 이주한 사대부'란 뜻이다.

077

선죽교 증왕고 매산공의 전운을 차운함

이삼환 李森煥[*]

1

고려¹의 존망으로 이 다리를 판단하고
원통한 피를 남겨 전 왕조에 보답하였네
만고의 윤강을 지켜서 귀중케 하였으니
구구하게 요임금을 추종한 것만은 아니었네²

善竹橋 敬次曾王考梅山公前韻

丙鹿存亡判此橋　留將寃血報前朝
扶持萬古倫綱重　不是區區但吠堯

---

* 이삼환李森煥(1729~1813): 조선 후기의 문인·학자. 자는 자목子木, 호는 목재木齋·소미少眉이다.
1 원문의 '丙鹿'은 '여麗'의 파자破字로 고려를 가리킨다.
2 폐요吠堯: "걸왕의 개도 요임금을 보고 짖는대桀犬吠堯"라는 성어에서 온 말로, "선악을 가리지 않고 자기 주인에게 충성함을 이르는 말"로 쓰인다.

2

깎아도 피가 스민 다리를 갈아내지 못하고
영령은 오히려 만월대를 향하였네
고기³가 어찌 꼭 순임금이 싫어한 신하인가
혼벽⁴이 끝내 요임금에게 공손한 것도 아니었네[원주]

[원주] 혈흔에 움푹 파인 것은 사람들이 뚫은 것이다.

其二

刻不能磨血蘸橋　英靈猶向月臺朝
皐夔豈必嫌臣舜　昏辟終非揖遜堯[原注]

[原注] 血痕凹陷類 人鑿破者

李森煥, 『少眉山房藏』 卷之二, b_092_034a

3　고기皐夔: 요堯·순舜임금의 현신賢臣이었던 고요皐陶와 기夔를 합쳐 부르는 말.
4　혼벽昏辟: 정사에 어두운 임금이라는 뜻임.

선죽교

박윤원朴胤源[*]

동문 길에서 말을 내리니
다리는 시냇물 머리에 임했고
충신의 피는 아직도 있는데
지나는 객의 눈물 길게 흐르네
왕씨의 기운은 전 왕조에 다했어도
공의 영령은 만고에 남았어라
옷깃을 여미고 사당에 나아가니
바람 일어 늠늠함이 가을 같아라

善竹橋

下馬東門路　橋臨溪水頭
忠臣血猶在　過客涕長流
王氣前朝盡　公靈萬古留
整裾趨廟宇　風起凜如秋

朴胤源,『近齋集』卷之一, 詩, a_250_023d

[*] 박윤원朴胤源(1734~1799): 조선 후기의 성리학자. 자는 영숙永叔, 호는 근재近齋이다.

079

영동사 [598]

윤기 尹愭*

우와 창을 죽이고 다시 요를 세웠는데[1]
윤이와 이초는 어이해 명나라에 고발했나
지금까지 사람들 문충공 죽음을 말하니
원혈이 아직까지 선죽교에 남아 있다오

詠東史 [其五百九十八]

誅滅禑昌更立瑤　彝初何事訴天朝
至今人說文忠死　寃血尚凝善竹橋

尹愭,『無名子集』, 詩稿, 第六册, a_256_147a

---

* 윤기尹愭(1741~1826): 조선 후기의 문신·학자. 본관은 파평坡平. 자는 경부敬夫, 호는 무명자無名子. 이익李瀷을 사사하였다.
1 우와 창을~세웠는데: 고려 창왕昌王 즉위년(1388) 11월 무인일의 일이다. 우왕은 14년(1388) 6월 경술일에 강화로 추방되었다가 동년 9월에 여흥驪興으로 이배되었다. 〈영동사 596〉 참조. 이때 강릉으로 이배된 것은 김저金佇와 정득후鄭得厚가 여흥에 유배되어 있던 우왕의 명을 받들어 곽충보郭忠輔에게 그해 팔관회 날에 이성계를 죽일 거사를 벌이도록 하였는데, 곽충보가 이성계에게 이를 고발하였기 때문이다.『高麗史』卷137, 辛禑列傳5, 辛昌 卽位年.

선죽교

이덕무 李德懋[*]

울리는 쇠몽치에 피가 솟구쳐 물속으로 흐르니
고기들도 성내어 지느러미가 모두 붉었다네
붓을 잡아 선죽교 붉은 흔적에 푹 담갔다가
슬픈 노래 써서 귀신들을 울려 보려네

善竹橋

血激轟椎走水中　群魚拂鬱鯉皆紅
持毫滿蘸橋痕紫　寫出悲詞泣鬼雄

李德懋,『靑莊館全書』卷十, 雅亭遺稿二, a_257_169c

---

[*] 이덕무李德懋(1741~1793): 조선 후기의 실학자. 자는 무관懋官, 호는 형암炯庵, 아정雅亭, 청장관靑莊館, 영처嬰處, 동방일사東方一士이다.

081

최간이집의 선죽교운을 빌어

이정국李楨國[*]

뜨거운 피는 지금도 선죽교에 있는데
상심하며 고려조를 물을 곳이 없네
하늘 동쪽의 빼어난 시구[1] 어찌 꼭 말하랴
만고의 강상이 드높아 흔들리지 않네[원주]

[원주] 최립은 시에서 수구秀句로 포은을 논하였는데, 이 때문에 그 말로써 반론한 것이다.

次崔簡易集善竹橋韻

熱血至今善竹橋　傷心無處問先朝
天東秀句何須說　萬古綱常嶽不搖[原注]

[原注] 崔詩以秀句論圃隱　故借其語以反之

李楨國, 『尤園集』 卷之一, 詩, b_099_282b

---

* 이정국李楨國(1743~1807): 조선 후기의 문인·학자. 자는 목지牧之, 호는 우원尤園이다.
1 최립은 〈선죽교〉라는 시에서 포은의 〈단심가〉를 두고 "只今秀句天東滿"이라고 읊었다. 이 시에서는 바로 이 시구를 지칭한다.

숭양서원을 배알하고 정해(1777)

이채李采*

이끼는 서원을 푸르게 둘렀고
청포¹는 해질녘 노쇠함에 눈물짓는데
부질없이 비와 이슬로 왕손초²를 적시고
풍상에도 고택의 소나무는 변하지 않았네
만고에 드높은 기상을 우러르니
칠분의 도화³에서 위용을 알겠어라
다시 선죽교 가장자리 찾아가서는
흐르는 물소리에 지팡이를 꽂았네

---

* 이채李采(1745~1820): 조선 후기의 문신. 자는 계량季亮, 호는 화천華泉이다.
1 청포靑袍: 푸른 빛깔의 도포道袍. 조선시대에 사품四品, 오품五品, 육품六品의 관원들이 공복公服으로 입던 옷이다.
2 왕손초王孫草: '왕손의 풀'이라는 뜻으로, 먼 곳으로 떠나 돌아오지 않는 사람을 사모하는 고사로 사용되는 말이다.
3 칠분의 도화: 일반적으로 영정은 칠분도로 그리므로 '영정'을 지칭하는 말로 쓰인다. 여기서는 포은의 영정을 지칭한다.

謁崧陽書院 丁亥

苔蘚蒼蒼一院封　青袍斜日淚龍鍾
空霑雨露王孫草　不變風霜故宅松
萬古雲霄瞻氣像　七分圖畫識儀容
更尋善竹橋邊去　流水聲中植短筇

李采, 『華泉集』 卷之一, 詩, b_101_290d

숭양에서의 감회

이만수李晚秀*

오백년의 왕업을 한나라와 비교하면
문치는 뒤졌으나 무공은 넘쳤네
그대는 성조를 풍운이 도움을 보았나
포은 목은 문중에서 많이 얻었다네
조림 이외에 두문동 현인들은
은덕이 칠성전에 널리 알려졌네
시골 계집은 지금도 옷이 소박하고
봄이 오자 야화편을 노래하는데
좋은 풍속은 대국에서 유래한 것으로
정려[1]를 봉한 집이 즐비하였네
천년세월 선죽교 가장자리의 피는
졸개도 모두 정시중을 안다네
나그네는 무슨 일로 수건을 적시려 하나
넘치는 물 남은 산이 한 꿈에 새롭네
만월대 앞에 단오절의 달은
얼마나 차고지면서 지금 사람을 비추나
새는 빈터에 내리고 물은 절로 흐르며
석양은 성곽 남루에 많이 남아 있는데

---

* 이만수李晚秀(1752~1820): 조선 후기의 문신. 자는 성중成仲, 호는 극옹屐翁·극원屐園이다.
1 원문의 '鳥頭赤脚'은 '정려旌閭'를 뜻하는 말이다.

종소리와 달빛은 늘상처럼 이야기하고
모두 행인을 끌어당겨 옛 근심을 위로하네

崧陽感古

五百興王比漢家　文治雖遜武功夸
君看聖祖風雲佐　圃牧門中養得多
曹林以外杜門賢　殷德方知七聖傳
村女至今衣純素　春來歌哭野花篇
善俗由來大國風　烏頭赤脚比家封
千年善竹橋邊血　走卒皆知鄭侍中
客心何事欲沾巾　剩水殘山一夢新
滿月臺前端正月　幾回圓缺照今人
鳥下空墟水自流　斜陽多在郭南樓
鍾聲月色尋常語　捴惹行人吊古愁

李晩秀,『屐園遺稿』卷之十二, 詩, a_268_531a

선죽교

차좌일 車佐一[*]

산 앞엔 단풍 지고 국화가 드리워졌는데
옛나라에 석양이 드니 말도 가기 더디네
두문동 지나며 자주 슬퍼하며 바라보고
선죽교에 이르러서는 다시금 슬퍼지네
선생께서 순절하니 윤리가 성대해지고
적자[1]의 구차한 삶은 죄가 오랑캐 같으리
청사에 이름조차 잃어 한이 남아 있는데
당당했던 녹사를 뉘라서 알 수 있을꼬

善竹橋

山前楓落菊花垂　古國夕陽馬去遲
洞過杜門頻悵望　橋逢善竹更傷悲
微公矢死倫將斁　賊子偸生罪可夷
青史失名遺恨在　堂堂錄事孰能知

車佐一, 『四名子詩集』, a_269_025d

[*] 차좌일車佐一(1753~1809): 조선 후기의 시인. 자는 숙장叔章, 호는 사명자四名子이다.
[1] 적자賊子: 부모나 임금의 뜻에 어긋난 행동을 하는 사람. 난신적자亂臣賊子.

085

송도회고운을 빌어

김득신金得臣[*]

오백년 세월은 물과 같이 빨리 지나고
전성기를 회고하니 한을 어찌 하겠는가
부숴진 주초의 이끼엔 달팽이 침을 흘리고
황폐한 누대엔 밤비 내려 도깨비불이 많네
솔바람 소리는 옥피리 머문듯 의심되고
새소리는 고운 노래로 맞으려는 듯하네
가련하여라 문물을 찾을 길 없는데
오로지 탁타라 부르는 긴 다리만 있네
나그네는 오래 머물며 갈 기약 없고
칼을 빼어 크게 손상하니 세대가 바뀌었네
대궐문은 늘어져 전성하던 때가 아닌데
산하는 태평시절과 거의 같다네
외로운 무덤엔 이미 참된 나[1]의 뼈를 묻었고
옛 나라는 오로지 목은의 시에 전할 뿐인데
선죽교 가장자리에 부질없이 홀로 서 있으니
두 줄기 저녁노을은 비석에 내리 비치네

---

[*] 김득신金得臣(1754~1822): 조선 후기의 도화서 화원. 자는 현보賢輔, 호는 긍재兢齋이며 초호는 홍월헌弘月軒이다.
1 원문의 '眞娥'는 불교용어로 '참된 나'를 뜻하는 말이다.

次松都懷古韻

五百年光走若河　緬思全盛恨如何
古苔破礎蝸涎濕　夜雨荒臺鬼燐多
松籟尚疑留玉管　鳥聲猶訝唱纖歌
可憐文物尋無處　惟有長橋號橐駝
旅人淹泊去無期　扣劍偏傷世代移
城闕縱非全盛日　山河恰似太平時
孤墳已鎖眞娥骨　故國猶傳牧老詩
善竹橋邊空獨立　雨竿殘照下穹碑

金得臣,『柏谷集』册四, 七律, a_104_116a

086

선죽교 2수

임천상任天常[*]

1

한 나무로 지탱하기 어려워 큰집 무너지고
고려왕조 국사는 아직도 슬프기만 한데
선죽교의 붉은 피[원주 1] 옛일을 생각나게 하여
진토 단심[원주 2] 한잔 술로 혼백을 위로하네

[원주 1] 다리의 돌에 붉은 핏자국이 있는데, 세상에 전하길 선생이 철퇴를 맞던 당시의 핏자국이라 한다.
[원주 2] "백골이 진토 되더라도 붉은 마음은 결코 변하지 않으리라" 이것은 선생의 가곡 가운데 있는 말이다.

善竹橋 二首

隻木難支大廈摧　麗王國事尙堪哀
溪橋赤血尋千古　塵土丹心酹一盃

[原註 1] 石有漬赤痕 世傳稱先生受椎時血痕也
[原註 2] 白骨爲塵土 丹心終不化 是先生歌曲中語也

* 임천상任天常(1754~?): 조선 후기의 문신·학자. 자는 현도玄道, 호는 궁오窮悟이다.

2

죽음으로 충정을 다한 것은 옳은 생각으로
인을 이루려니 어찌 몸이 위태함을 돌아보랴
지금도 비석은 맑은 날에도 젖은 듯한데
남은 한이 분명코 읍비[원주 3]로 화생하였으리

[원주 3] 다리 동쪽에 비석이 있는데, 새기기를 "고려 시중 정공이 살신성인한 비석이다."하였다. 비석은 항상 물에 젖은 듯하였는데, 맑은 날씨에도 역시 그랬다. 사람들이 '읍비'라고 일컬었다.

拚死殉君志可思　成仁那得顧身危
秖今片石晴猶濕　遺恨分明化泣碑

[原註 3] 橋東有碑 刻云高麗侍中鄭公成仁之碑 碑石常若漬水 雖晴日亦然 人謂之泣碑

任天常,『窮悟集』卷之三, 詩, b_103_280d

087

선죽교

홍인모洪仁謨[*]

선죽은 고죽과 같고¹
천년토록 돌다리 있는데
강상은 후세를 지키고
충렬은 전 왕조에 있었네
핏자국은 지금도 젖어 있고
영령은 이곳에서 사라지 않았네
방황하다 감회는 끝이 없는데
낙엽 소리만 쓸쓸하여라

善竹橋

善竹同孤竹　千年有石橋
綱常扶後世　忠烈在前朝
斑血今猶濕　英靈此不消
彷徨無限感　落木響蕭蕭

洪仁謨, 『足睡堂集』 卷之一, 詩, b_103_580c

* 홍인모洪仁謨(1755~1812): 조선 후기의 문신. 자는 이수而壽, 호는 족수거사足睡居士이다.
1 선죽은~같고: 선죽에 나타난 포은의 충정은 고죽군孤竹君의 두 아들로, 주周 나라의 곡식을 먹지 않고 고사리만 캐 먹다가 죽은 백이伯夷와 숙제叔齊와 같다는 뜻으로 쓰인 말이다.

088

선죽교에서 노인을 만나 문답하다

조수삼 趙秀三*

선죽교 머리에서 촌로를 만났는데
잠깐 전 왕조의 사적을 말하고 은근히 묻네
지금은 당시의 일이 이미 끝난 것인데
붉은 피는 어찌하여 흔적을 고치지 않는가

善竹橋 見野老問答

善竹橋頭見野老　薄言前蹟問慇懃
至今已矣當時事　赤血何須不改痕

趙秀三, 『秋齋集』 卷之一, a_271_364b

---

* 조수삼趙秀三(1762~1849): 조선 후기의 여항시인閭巷詩人. 자는 지원芝園·자익子翼, 호는 추재秋齋·경원經畹이다.

선죽교

조수삼 趙秀三

물결이 오열하는 다리 밑은 우거진 풀에 잠겼는데
선생은 이곳에서 살신성인 하셨네
하늘 땅 다 닳아도 붉은 마음은 남고
비바람에 닳았어도 푸른 피는 새롭네
설령 무왕이 의사를 도왔다 하드래도
문상¹이 유민 되었다는 말은 듣지 못했네
무정하게 한 맺힌 거친 비석은 젖어 있으나
거북머리에선 눈물짓는 이 기다리지 않네²

善竹橋

波咽橋根幽草沒　先生於此乃成仁
乾坤弊盡丹心在　風雨磨來碧血新
縱道武王扶義士　未聞文相作遺民
無情有恨荒碑濕　不待龜頭墮淚人

趙秀三,『秋齋集』卷之一, a_271_354a

1 문상文相: 송나라 마지막 재상인 문천상文天祥을 가리킴.
2 거북머리~않네: 포은의 성인비에서는 눈물짓는 이가 많아도, 맞은편 표충각에 있는 비석 앞에서는 눈물짓는 이가 없다는 뜻이다.

090

선죽교

김조순金祖淳[*]

공을 하늘이 내신 것은
쇠해진 고려를 바로 세우려 함이네
도는 명분에 있어 중시되었고
몸을 버리자 나라 역시 따랐네
선죽교에서 조문하며 핏자국에 놀랐고
영정을 우러르니 형상이 엄연하네
죽지 않았다면 오늘은 없었으리니
옷깃을 적시며 사실을 의심할 만하네

善竹橋

公生天所爲　故使値衰麗
道在名仍重　身亡國亦隨
弔橋驚血蹟　瞻像儼鬚眉
不死無今日　沾襟實可疑

金祖淳,『楓皐集』卷之五, 詩, a_289_115a

[*] 김조순金祖淳(1765~1832): 조선 후기의 문신. 자는 사원士源, 호는 풍고楓皐이다.

선죽교

임득명林得明[*]

큰 저택과 동산은 꿈결과 같고
고려 왕조[1]는 한 바탕 헛된 일인데
오히려 선죽교 가장자리 돌에 남아서
몇 점 붉은 원혈만 분명하다네

善竹橋

甲第名園夢境同　操鷄搏鴨一塲空
猶餘善竹橋邊石　數點分明怨血紅

林得明, 『松月漫錄』 册三, 詩, b_110_087a

---

[*] 임득명林得明(1767~?): 조선 후기의 서화가. 자는 자도子道, 호는 송월헌松月軒이다.
[1] 원문의 '操鷄搏鴨'은 태조 왕건이 삼국을 통일하고 고려를 건국할 때 전파된 말로 "닭을 먼저 잡고나서 오리를 잡는다."는 뜻으로, 신라를 먼저 공략하고, 고구려를 공격하여야 한다는 뜻이다.

선죽교

신위申緯[*]

장절은 한 기신[1]이 이룬 바로
앞서서 개국의 대강을 밝혔는데
사백 칠십년 뒤에야
포은공의 죽음에서 얻었다네

善竹橋

壯節所爲漢紀信　首彰開國大綱哉
四百七十年然後　得圃隱公一死來

申緯, 『警修堂全藁』 冊六, 崧緣錄, 己卯 九月, a_291_127b

---

[*] 신위申緯(1769~1845): 조선 후기의 문신·화가·서예가. 자는 한수漢叟, 호는 자하紫霞·경수당警修堂이다.
[1] 기신紀信: 한漢나라 초기의 무장으로 초楚나라 병사가 한고조 유방劉邦을 형양滎陽에서 포위하여 위급할 때, 유방으로 위장하여 초나라 군에게 나가 유방을 도망시키고 초나라 항우項羽에 의해 불타 죽었다

달밤에 선죽교를 노닐며

김헌기金憲基*

삼삼오오 밤길을 가는데
위로는 맑은 하늘에 외로운 달이 밝고
선죽교 가장자리에서 한 번 취하고 나니
슬픈 노래 몇 곡에 감정을 가누지 못하네

月夜遊善竹橋

三三五五野中行　上有靑天孤月明
善竹橋邊聊一醉　悲歌數曲不勝情

金憲基, 『初庵集』 卷之一, 詩, b_114_477c

* 김헌기金憲基(1774~1842): 조선 후기의 학자. 자는 치도穉度. 호는 요천堯泉 또는 초암初庵이다.

선죽교에서 읊조리다

홍직필洪直弼*

먼 옛적부터 송산에 선죽교 있는데
다리 주변의 비석에 고려조 기록했고
흥망은 사백년 앞에 있었던 일로
비바람 불어도 혈흔은 사라지지 않네

詠善竹橋

千古松山善竹橋　橋邊短碣記麗朝
興亡四百年前事　風雨蕭蕭血未消

洪直弼, 『梅山集』 卷之一, 詩, a_295_045c

* 홍직필洪直弼(1776~1852): 조선 후기의 학자. 자는 백응伯應・백림伯臨, 호는 매산梅山이다.

선죽교 2수

홍직필 洪直弼

1

선죽교 가장자리엔 보리 꽃이 피었고
붉은 마음 한 조각 닳을만도 한데
아가씨는 오히려 충신의 뜻을 아는지
서풍에 백사가 소리 끊어지누나

善竹橋 二首

善竹橋邊麥有華　丹心一片可容磨
女娘猶識忠臣義　唱斷西風百死歌

2

돌이 갈라지지 않은 채 피가 스며들었고
세월이 오래도록 고쳐 옮기지 않았네
선생은 이로부터 살신성인 이뤘으니
다리 머리맡에 읍비[원주 1] 있다고 말하지 말라

[원주 1] 선죽교 위에 비석이 있는데, 비가 오지 않아도 젖어 있으므로 사인들이 망령되게 '읍비'라고 불렀기 때문에 그렇게 말한다.

石心不泐血淋漓　地久天長無改移
先生自是求仁得　休說橋頭有泣碑

[原註 1] 譱竹橋上有碑石　不雨而濕　土人妄稱泣碑故云

洪直弼, 『梅山集』 卷之二, 詩, a_295_075c

096

선죽교

김매순金邁淳[*]

서쪽 숭양묘에 고하고
동으로 청목전을 바라보니
난간은 교차되고 전각은 들보가 꺾여
혀를 차고 궁원을 지켜보네
옆 사람은 지적하며 말하길
시중이 피를 뿌린 곳이라네
삼엄하여 마음을 울리기에
말에서 내리니 곧 이끼라네
검붉은 색[1]이 흰 틈에 맞닿고
여린 실엔 짙은 붉은색이 스몄는데
은하수 구불구불 떨어지고[2]
끊긴 무지개는 굽은채 머물었네
들을 땐 모두 옳은 듯하였는데
목격하니 다시 의혹이 생기네
멍든 피는 주어에서 들었고[3]
거꾸로 흘렀음은 진전에 기록 되었네[4]

[*] 김매순金邁淳(1776~1840): 조선 후기의 문신·학자. 자는 덕수德叟, 호는 대산臺山이다.
[1] 원문의 '朱殷'은 피가 오래 되어 검붉게 변한 색깔을 뜻한다.
[2] 원문의 '逶迤'는 마치 뱀이 구불구불하게 기어가는 모습처럼 길게 굽은 모양을 형용한 말이다.
[3] '멍든 피'는 장홍萇弘의 고사를 지칭한다. 주어周語는 『국어國語』의 한 편명인데, 이 책은 『춘추좌씨전』에 비견되는 역사서이다.

정기는 반쪽 수레 창에 있고
물리는 간혹 갑자기 변하는데
선생은 실로 유가의 조종으로
명현[5]은 응당 하늘이 보낸다네
올 때는 북두성처럼 내려오고
갈 때는 우레 번개처럼 거두니
어찌 골짜기의 선비와 비견하며
함부로 날뛰는 장사치 부류이랴
곤산[6]의 불로 사방에 불꽃이 쌓였고
앞줄은 따르기에 조급하니
어찌 기린이 쓰러짐을 애석치 않으며[7]
어찌 용의 싸움과 값할 수 있으랴[8]
성인은 스스로 처지가 있으니
밝은 해가 푸른 밭을 비추고
장사치도 슬픔과 꾸짖음을 감추며
모두가 보태져 넘침을 기뻐하네
남화南華의 자취는 선령을 의탁하고[9]
상반죽은 성원을 조상으로 여기는데[10]

---

4 순우백淳于伯의 고사를 지칭하는 말이다. 순우백이 피살되었을 때 피로 기둥을 씻어내니 역류하여 곡률광斛律光이 화를 당하였으며, 피가 땅에 떨어졌는데 제거하여도 사라지지 않았다.
5 명세名世: 세상에 이름을 떨친 훌륭한 사람.
6 곤산崑山: 곤강崑岡을 말하는데, 옥이 난다는 곳이다. "곤강에 불이 나면 옥과 돌이 함께 탄다."는 말이 있다.
7 『춘추春秋』의 애공哀公 14년조에 "서쪽으로 사냥을 나가 기린을 잡았다.[西狩獲麟]"는 내용이 있는데, 그 주註에 공자는 이것을 보고 "기린은 성왕聖王이 나오면 나타나는 상서로운 짐승인데, 나쁜 세상에 나와 잡혔으니, 나의 도가 곤궁하다." 하고 옷소매를 돌려 눈물을 훔쳤다고 한다. 여기서는 포은이 순절함을 지칭하는 말로 쓰였다.
8 『주역』의 곤괘坤卦에 "용이 들판에서 싸운다는 것은, 그 '도'가 궁극에 다다름이다.[龍戰于野, 其道窮也.]"라는 구절이 있다.
9 남화—의탁하고: 장자莊子의 처세를 뜻하는 말로 생각됨.
10 '상반湘斑'은 상강湘江의 반죽斑竹을 말한다. 성원聖媛은 요임금의 두 딸을 가리킨다. 순임금이 남

야사에선 마름질할 줄 모르고
필적으로만 전해 온다네
다만 기문을 널리 알린다면
바른 견해를 미혹함이 없으리
우리의 도는 평상을 근본으로 하니
현명한 자는 응당 볼 수 있다네
숭산의 높이가 평지가 되었고
벽란도는 선처럼 가늘어졌네
맑은 향기 만년을 다하도록
가르치길 게을리 아니하리니
묻노니 천지의 장수함이여
어찌하면 이 비석과 같이 할꼬

善竹橋

西辭崧陽廟　東望穆清殿
交欄閣廢梁　呵護視宮院
傍人指相語　侍中血所濺
森然動心魄　下馬卽苔面
朱殷界素皴　柔縷浸濃茜
斜漢落透迤　斷霓逗連卷
我聞盖如是　目擊更疑眩
化碧聞周語　倒流記晉傳

쪽으로 순행하였다가 창오蒼梧 지대에서 죽었다. 그의 처 아황·여영이 그를 못 잊어 하며 슬피 울었다. 그녀들의 눈물이 대나무에 떨어져 반문斑紋이 되었기에 반죽이라 부르게 되었다. 이들이 결국은 상수湘水에서 빠져 죽었으므로 상비죽湘妃竹이라고도 부른다.

精氣有偏轇　物理或奇變
先生實儒宗　名世應天遣
來如降星斗　去若收雷電
豈比一曲士　驚動類沽衒
崑山火方炎　前列乃隨下
豈不惜麟踣　其奈值龍戰
成仁自有地　白日照青甸
商頑隱悲咤　齊諧喜增衍
華躔託儵靈　湘斑祖聖媛
野史不知裁　流傳資筆硯
祇可廣異聞　無乃迷正見
吾道本平常　明者當見睍
崧高作平地　碧瀾纖抵綫
清芬竟萬春　垂敎未爲倦
借問天壤壽　何如石一片

金邁淳, 『臺山集』 卷一, 詩, a_294_280d

선죽교

조인영趙寅永*

사람 없이 이 다리를 찾지 말았을 것을
고려조의 존망이 완연히 지금에 이르렀네
비로소 장홍의 푸른 피 묻었음을 믿게 되고[1]
홀로 원찬[2]의 붉은 마음 안았음을 어여뻐 여겼네
삼한벽 위의 꽃 계단에 춤추고
만수산 가운데 드렁칡을 읊조렸네
묻나니 서조[3]는 누구의 자식인가
선공[4]의 유묵이 비음에 남아 있네[원주 1]

[원주 1] 선인이 '포은록사순의비' 비문을 지었다.

---

* 조인영趙寅永(1782~1850): 조선 후기의 문신. 자는 희경羲卿, 호는 운석雲石이다.
1 『장자莊子 외물外物』이나 『여씨춘추呂氏春秋 효행람편孝行覽篇』에 주周나라의 장홍萇弘이 죄 없이 무고하게 사형을 당하여 원한 때문에 그의 피가 3년 후에 벽옥璧玉으로 변했다는 고사가 있다.
2 남조南朝 송宋 때 저연褚淵이 원찬袁粲과 함께 명제明帝로부터 유명遺命을 받았는데, 소도성蕭道成이 명제의 어린 아들인 유욱劉昱을 폐위시키려 할 때, 원찬은 이에 반대하여 고제를 죽이려다 누설되는 바람에 살해되었고, 저연은 적극적으로 일을 도와 성사시켰다. 『南齊書』 卷23, 『宋書』 卷89.
3 서조西曹: 공조工曹의 별칭.
4 선공先公: 포은녹사비의 비문을 지을 지은 조진관趙鎭寬을 지칭함.

善竹橋

無人不向此橋尋　勝國存亡宛至今
始信萇弘埋碧血　獨憐袁粲抱丹心
三韓壁上花階舞　萬壽山中葛藟吟
借問西曹誰氏子　先公遺墨在碑陰[原註 1]

[原註 1] 先人撰圃隱錄事殉義碑

趙寅永, 『雲石遺稿』 卷之四, 詩, a_299_085a

098

선죽교

변종운卞鍾運*

다리 맡에 말을 내려 가을바람에 서서
전 왕조의 정시중을 상상하나니
옛부터 단지 전하는 건 멍든 피로
지금도 어찌해선지 붉음이 가시지 않네
사람들 모두 당시의 일을 말하고
세상에서 한 가닥 충정을 어여삐 여기는데
죽은 뒤 백이는 일찍이 기록되지 못하였으니
주왕은 오히려 우리나라에 부끄러워 해야하리

善竹橋

橋頭下馬立秋風　像想前朝鄭侍中
自古只傳能化碧　至今那得不渝紅
牧樵皆說當時事　天地爲憐一段忠
死後伯夷曾未錄　周王猶是愧吾東

卞鍾運, 『歗齋集』 卷之四, 七律, a_303_029d

* 변종운卞鍾運(1790~1866): 본관은 밀양. 역관출신으로 벼슬이 종2품 동지중추부사에 이름.

송경도중 병오(1846)

박영원朴永元*

서경 곳곳마다 인삼 심은 밭이고
사고 파는 상가는 교역을 업으로 삼는데
연경 시장의 기물만 보배가 아니지만
때 맞춰 파종하여 백성들 만족함만 못하네
만월대 주변에 저녁놀 걷히고
흥망의 지난 자취는 근심을 자아내네
미산 화악은 천년 세월에도 같은데
단지 임궁은 옛터만 남아 있네
숭양서원 동쪽 맡엔 선죽교가 있는데
정충은 해와 별을 다투며 밝게 빛나네
장홍의 푸른 피도 응당 받아들이는 듯
남은 한이 아득히 돌에 남아 가시지 않네

* 박영원朴永元(1791~1854): 조선 후기의 문신. 자는 성기聖氣, 호는 오서梧墅이다.

松京道中 丙午

西京處處種葰田　輸與商家業貿遷
燕市奇裒非所寶　不如時播足民天
滿月臺邊夕照收　興亡往跡使人愁
摩山華嶽猶千古　秪有琳宮舊址留
崧院東頭善竹橋　精忠爭與日星昭
萇弘碧血應如許　遺恨悠悠石不銷

朴永元, 『梧墅集』 册四, 燕槎錄, 詩, a_302_278a

임단 도중에*

* 임단 도중에 송경 가는 이종직을 송별하며

임헌회任憲晦**

서쪽 송악을 바라보니 구름 하늘에 접했고
오백년 전날의 왕씨 조정은
운수는 가고 산천에 자취는 적적한데
가을이 되자 초목 또한 쓸쓸하네
행인은 부질없이 두문동을 말하고
옛노인들 아직도 선죽교를 전하는데
이번 가는 길에 비감이 심하다 말게
지금 조정의 풍물은 전날과는 다르나니

臨湍途中 送李晦授鍾直之松京

西望松嶽接雲霄　五百年前王氏朝
運去山川從寂寂　秋來草木亦蕭蕭
行人漫說杜門洞　故老猶傳善竹橋
此去君休悲感劇　今朝風物異前宵

任憲晦,『鼓山集』卷之一, 詩, a_314_012a

** 임헌회任憲晦(1811~1876): 조선 후기의 문신·학자. 자는 명로明老, 호는 고산鼓山·전재全齋·희양재希陽齋이다.

101

선죽교를 지나며*

* 선죽교를 지나며 포은선생의 혈흔을 보고.

남병철 南秉哲**

나라 위해 몸을 죽였으니
선생은 어질다 이르겠네
본래 이와 같은 일이야
오래도록 능한 사람은 드물었네
비석은 보통 때도 눈물 흘리고 [원주]
혈흔은 오백년간 붉었다네
어떤 인연으로 절의를 자랑하는가
두 마음의 신하는 부끄러워하리

[원주] 비석은 항상 비에 젖은 듯하다.

** 남병철(南秉哲, 1817~1863): 조선 후기의 문신이며 대표적인 천문학자・수학자. 자는 자명(字明) 또는 원명(元明), 호는 규재(圭齋)・강설(絳雪)・구당(鷗堂)・계당(桂堂)이다.

過善竹橋 見圃隱先生血痕

爲國身能死　　先生可謂仁
固然如是事　　久矣鮮能民
碑泣尋常日[原注]　血紅五百春
豈緣誇節義　　將愧二心臣

[原注] 碑石常如雨濕

南秉哲, 『圭齋遺藁』 卷之二, 詩, a_316_570b

102

다시 선죽교를 지나가며*

* 천마산에서 송경으로 돌아가며 다시 선죽교를 지나다

남병철南秉哲

보국하려 한 번 죽는 것은
신하로써 어려움 아니지만
만사를 일단 하늘에 맡기고
사람들 매우 편안케 하였네
이에 제갈공명은
중신[1]으로 온 힘을 다하고
용봉과 비간[2]은
충성하나 나라가 없었으니
선생은 이와는 다르며
죽은 것은 그 뜻이 아니네
오늘날 우리나라 사람들이
감히 당시의 일을 말하길
만고에 누군들 죽지 않으랴만
공에게는 특별히 아름다웠네

---

1 중신重臣: 원문의 '股肱'은 '다리와 팔'을 뜻하나 전의되어 '고굉지신股肱之臣' 즉 임금이 가장 믿고 중하게 여기는 신하를 의미한다.
2 용봉과 비간: 걸桀에게 죽은 관용봉關龍逢과 주紂에게 죽은 왕자 비간比干으로 두 사람 모두 폭군에게 직언을 하다간 죽은 신하이다.

天磨山歸松京 再過善竹橋

報國秪一死　爲臣不足難
萬事一任天　於人太便安
是以諸葛公　竭其股肱力
龍逢與比干　雖忠何有國
先生異於是　所死非其志
今日東方人　敢言當時事
萬古誰無死　維公特專美

南秉哲,『圭齋遺藁』, 詩, a_316_570c

선죽교

김평묵金平默[*]

웅어취사¹하신 정선생은
일월성신이 지성을 비추고
돌 위엔 항상 빈틈에 스민 피가
세월이 갈수록 더욱 분명해지네

善竹橋

熊魚取舍鄭先生　日月星辰照至誠
石面尋常腔子血　天荒地老益分明

金平默, 『重菴集』 卷之四, 詩, a_319_097c

---

* 김평묵金平默(1819~1891): 조선 말기의 학자. 자는 치장穉章, 호는 중암重菴이다.
1 '물고기를 버리고 곰 발바닥을 택한대[熊魚取舍]'는 것은 예로부터 유가儒家에 널리 알려진 말로 이 시에서는 포은이 의義를 지켜 죽음을 택한 사실을 칭송한 말이다.

선죽교 1

한장석韓章錫[*]

예로부터 모두가 죽게 되며
형체와 넋은 연기 따라 사라지는데
사물과 함께 변하지 않으며
바른 기운은 정렬에 있다네
어떤 이는 상산의 머리칼이라 하고[1]
어떤 이는 시중의 피라 하고[2]
어떤 이는 상비의 눈물이라 하는데[3]
얼룩은 고죽의 쪼개짐이네
말을 선죽교에 세우니
부딪는 물결 더욱 오열케 하는데
남풍은 씻어도 닳지 않고
한 점 열정이 마음속에 가득하네

[*] 한 장석韓章錫(1832~1894): 조선 말기의 문신. 자는 치수穉綏・치유穉由, 호는 미산眉山・경향經香이다.
[1] 당나라 안진경의 아우인 안고경顏杲卿이 상산태수로 있을 때 안록산에게 사로잡혔는데 죽음을 두려워하지 않고 정의를 고집하다가 혀가 잘렸으며 죽음을 당하였다.
[2] 포은이 선죽교에서 순절하자 피가 흘러내린 곳에 대나무가 자라났다고 한다.
[3] 상비湘妃: 순舜의 이비二妃인 아황娥皇과 여영女英이 순舜이 남순南巡하다가 창오산蒼梧山에서 죽자, 소상강瀟湘江을 건너지 못하고 슬피 울다가 이 물에 빠져죽어 상수의 신이 되었다고 한다. 그의 눈물이 대나무에 뿌려져 얼룩졌는데, 이 대나무를 '상비죽'이라고 한다.

善竹橋

自古皆有死　形魄隨烟滅
不與物俱化　正氣在貞烈
或爲常山髮　或爲侍中血
或爲湘妃淚　斑斑苦竹裂
立馬善竹橋　鳴波轉哀咽
藍風洗不磨　一點滿腔熱

韓章錫,『眉山集』卷之二, 詩, a_322_183b

선죽교 2

한장석 韓章錫

나의 말도 선죽교에서 머뭇거리며
다리에 물결 오열하고 낙엽도 쓸쓸한데
옛 궁터의 곡식에 가을바람이 일며
사당에 남긴 의관엔 햇빛이 비치네
대명이 결국엔 돌아갈 줄 알았지만
종신은 스스로 전 왕조를 알리려 했네
돌머리에 얼룩진 피를 물을 필요 있는가
한 번 죽었어도 적요하지 않음을 보리라

善竹橋

我馬踟躕善竹橋　橋流哀咽葉蕭蕭
故宮禾黍秋風起　遺廟衣冠白日昭
大命終知歸聖主　宗臣自有報前朝
石頭斑血何勞問　一死須看不寂寥

韓章錫,『眉山集』卷之二, 詩, a_322_192c

106

선죽교

김윤식金允植*

읍비와 혈석은 탄식할 일로
혼백이 천년세월 있건 없건
해마다 비바람에도 닳지 않으니
길이 화벽으로 남아 보은하기를[원주]

[원주] 선죽교. 포은선생이 살신성인한 곳이다. 아직도 핏자국이 있으며, 다리 옆에는 비석을 세워 포은이 순절하던 당시의 일을 기록하였다. 비석은 항상 젖어 있어서 눈물 흘린 것 같다. 이 때문에 '읍석'이라는 이름이 생겼다. 제2구는 포은의 가사에 있는 말이다.

善竹橋

泣碑血石事堪吁　魂魄千秋有也無
風雨年年磨不得　長留化碧報恩殊[原註]

[原註] 善竹橋 圃隱先生成仁處 尙有血跡 橋傍竪碑紀圃隱立懂時事 碑常濕如泣 因名泣石 第二句用圃隱歌辭中語

金允植, 『雲養集』卷之三, 詩, a_328_271a

* 김윤식金允植(1835~1922): 조선 말기의 문신·학자. 자는 순경洵卿, 호는 운양雲養이다.

송경의 선죽교를 지나며*

* 송경의 선죽교를 지나며 종사 윤석정 태준의 운을 차운하여

김윤식 金允植

옛나라의 찬 종소리 저녁놀 멀리 들리고[원주 1]
패국의 웅장한 기운은 이미 사라졌다네
명산의 여러 부처들도 혼미하여 힘없고[원주 2]
종당엔 강상이 한 돌다리에 힘입었네[원주 3]

[원주 1] 권협의 〈송경회고시〉에 "雪月前朝色 寒鍾故國聲 南樓愁獨立 殘郭暮烟生"라 하였다.
[원주 2] 고려 태조가 계시를 남겨 말하길 "우리나라는 명산의 여러 부처가 구호하는 힘을 받고 있다."하였다고 한다.
[원주 3] 선죽교는 고려말 정포은이 살신성인한 곳이다. 지금도 혈흔이 아직 남아 있다.

過松京善竹橋 次從事尹石汀泰駿韻

故國寒鍾暮色遙[原注 1]　覇國雄氣已沉銷
名山諸佛渾無力[原注 2]　終賴綱常一石橋[原注 3]

[原注 1] 權韐松京懷古詩 雪月前朝色　寒鍾故國聲　南樓愁獨立　殘郭暮烟生
[原注 2] 高麗太祖遺誡有云 我國賴名山諸佛救護之力
[原注 3] 善竹橋 麗末鄭圃隱成仁之地 至今血痕尚存

金允植,『雲養集』卷之一, 詩, 補遺附, a_328_274a

108

선죽교

송병선 宋秉璿[*]

선죽교 머리맡에 얼룩진 핏자국은
영원히 죽지 않는 선생의 혼이라네
홀로 석양에 서니 감개함이 많은데
앞 시냇물 오열함이 상원과 같아라[1]

善竹橋

善竹橋頭斑血痕　千秋不死先生魂
獨立斜陽多感慨　前溪鳴咽似湘沅

宋秉璿, 『淵齋集』 卷之一, 詩, a_329_019b

---

* 송병선宋秉璿(1836~1905): 조선 말기의 학자·순국지사. 자는 화옥華玉. 호는 연재淵齋·동방일사東方一士이다.
1 상원湘沅: 상강湘江과 원강沅江. 초나라 때 굴원이 비난과 배척을 받아 상원湘沅 사이를 거닐면서 시를 읊었다고 한다.

선죽교*

이설李偰**

선죽교 가장자리의 피를 보고서
남들은 슬퍼해도 나는 슬퍼하지 않네
외로운 신하 나라가 망한 후에
죽지 않으면 무엇을 하겠는가

善竹橋

善竹橋邊血　人悲我不悲
孤臣亡國後　不死意何爲

---

* 이 시는 성삼문成三問의 작품이라고 전하는 「善竹橋邊血, 人悲我不悲, 孤臣亡國後 不死更何爲」와 거의 같다. 시구에 차이가 있을 뿐이다.
** 이설李偰: 조선 철종 때 문인. 연안이씨로 자는 순명舜命, 호는 복암復庵이다.

숭양서원

신기선申箕善[*]

선죽교에서 눈물로 수건을 흠뻑 적시고
숭양서원 사당에서 영정을 배알하나니
선생이 지금 세상에 태어나지 않았다면
우리들은 끝내 오랑캐¹가 되었으리

崧陽書院

善竹橋邊淚滿巾　崧陽祠裏拜遺眞
先生不復生今世　我輩終爲左袵人

申箕善,『陽園遺集』卷二, 七絶, a_348_044b

---

* 신기선申箕善(1851~1909): 조선 말기의 학자·문신. 자는 언여言汝, 호는 양원陽園·노봉蘆峰이다.
1 원문의 '左袵'은 유목민들이 입던 카프탄 형식의 상의에 옷고름을 왼쪽 어깨 밑에 묶는 것을 말한다. 이에 연유하여 '左袵人'은 '오랑캐'를 지칭하는 말로 쓰인다.

숭양서원 2수

조긍섭曺兢燮[*]

1

포은선생이 사시던 곳에 사당을 세워서
남산[1] 동쪽 두둑에 허물어진 비 마주하였네[원주]
일신의 충과 효를 어느 누가 대적하랴
천년 단군 기자의 나라가 무너지지 않았네
절개 높은 검은 대에는 서릿발이 형형하고[2]
그늘 드리운 불탄 홰나무에는 해가 더디네[3]
의연히 옥 같은 자태 깊이 그리워하며
꽃 속에 취해 춤추던 때를 생각하노라[4]

[원주] 선생의 정효비旌孝碑가 서원 동쪽에 있다.

---

[*] 조긍섭曺兢燮(1873~1933): 미상
[1] 남산男山: 개성 동쪽에 있는 산 이름이다.
[2] 절개~형형하고: 포은이 피살된 날 밤 다리 옆에서 참대가 솟아 나왔음을 지칭하는 구절이다.
[3] 그늘~더디네: 숭양서원에 오래된 홰나무가 있는데 정조正祖 정사년(1797)에 화재가 나서 불길이 서원에 번져 나무를 반쯤 태웠을 때 하늘에서 비가 내려 재앙을 면할 수 있었다고 한다. 『松京誌, 異蹟記』.
[4] 꽃~생각하노라: 포은이 순절한 그해 봄에 친구를 찾아갔는데, 친구가 부재중이므로 꽃을 꺾어 시를 읊조리고 인하여 일어나 춤을 추었다. 또 술을 가져 오라 하여 흠씬 마시고는 탄식하기를 "시절의 경치가 이와 같거늘, 안타깝구나 풍기가 대단히 악하고 악하도다.[節物如是, 惜也! 風氣甚惡甚惡.]"라고 하였다. 『謏聞瑣錄』.

崧陽書院 二首

圃老遺居此有祠　男山東畔對荒碑[原注]
一身忠孝人誰敵　千載檀箕國不夷
叢竹節高霜炯炯　火槐陰落日遲遲
依然玉貌懷深念　想像花間醉舞時

[原注] 先生旌孝碑在院東

2

당년에 어찌 두 현인이 서로 괴롭혔으리오[5]
이송헌에 또 정오천이 있다네[6]
손으로 칠위[7]를 주선하여 중토에 임하고
어깨에 삼강 짊어지고 상천에 답하였네
천하의 공명을 누가 잃고 얻었는가
장강과 하수의 운수가 다시 돌아가네
창자 속 더러운 피 천추토록 악취가 나니
쥐떼들 이제는 모두 가련하구나

5　당년에~괴롭혔으리오: 항우項羽 휘하의 장군 정공丁公과 한漢나라 고조高祖 사이의 일을 인용한 것이다. 정공이 항우를 위하여 팽성彭城 서쪽까지 고조를 추격하여 쌍방 간에 접전이 벌어졌는데 고조가 정공에게 말하기를 "현인들끼리 어찌 서로를 괴롭히는 것인가.[兩賢豈相厄哉]"라고 하니, 정공이 군사를 돌려 물러났다. 『史記』 卷100, 季布列傳.
6　이송헌李松軒에~있다네: 이송헌은 조선 태조 이성계를 지칭하고, 정오천鄭烏川은 포은을 지칭한다. 오천은 연일延日의 옛 이름으로 포은의 관향이다.
7　칠위七緯: 일日·월月과 금金·목木·수水·화火·토土 오성五星을 이른다.

相厄當年豈兩賢　李松軒又鄭烏川
手旋七緯臨中土　肩荷三綱答上天
宇宙功名誰得失　江河運氣復推遷
一腔頑血千秋臭　鼠輩于今惣可憐

曹兢燮,『巖棲集』卷四, 詩, a_350_051d

선죽교 2수

조긍섭 曺兢燮

1

몸은 바다로 육지로 삼천리를 다니고
땅은 흥망성쇠 반만 년이나 겪었는데
누구인가, 황량한 다리 한 조각 돌 위에서
석양에 머리털이 하늘을 뚫게 만든 분은

善竹橋 二首

身行水陸三千里　地閱興亡半萬年
孰是荒橋一片石　能令斜日髮衝天

2

그날 아침 기미를 일찌감치 알았건만[1]
선생은 어찌 자못 피하지 않으셨던가
이미 한 나무로 큰집 지탱하진 못했으나
만고에 보전할 강상을 남겨 주셨네

風色今朝早自知　先生胡不稍委蛇
已拚一木難支廈　留與綱常萬古持

曺兢燮, 『巖棲集』 卷之四, 詩, a_350_051c

---

[1] 그날~알았건만: 포은은 자신의 암살 계획을 이성계의 조카사위인 변중량卞仲良으로부터 들어서 이미 알고 있었음에도 피살 당일 아침 조상들의 신위에 절하고 부인과 두 아들에게 "충효를 숭상하는 가문이니 조금도 낙심 말라."라는 유언을 하고 집을 나섰다고 전해진다.

만월대

이만용 李晚用[*]

석양에 말을 세워 장가를 노래하니
옛 나라의 흥망을 어찌 하겠나
만백성의 상심이 명월에 담겨 있고
육궁의 여한인가 낙화가 많기도 하네
두문동 밖엔 나무들 한들거리고
선죽교 가장자리엔 물결이 넘실대는데
막막한 들판엔 봄비가 지난 뒤로
누런 꾀꼬리 검은 나비가 지나가네

滿月臺

斜陽立馬一長歌　故國興亡奈爾何
萬戶傷心明月在　六宮餘恨落花多
杜門洞外依依樹　善竹橋邊去去波
漠漠平蕪春雨後　黃鸝黑蝶漫相過

李晚用,『東樊集』卷三, 詩, a_303_567b

[*] 이만용李晚用(1882~1924): 조선 후기의 종친.

2부

선죽교
기記·사辭·비문碑文

선죽교기 갑신(1824)

홍직필洪直弼

 선죽교는 고려 시중 포은 정선생이 순절한 곳이다. 고려의 복록이 끝날 무렵에 우리 태조의 성덕은 날로 융성하여 천명과 인심이 모두 참주인[眞主]에게 돌아갔다. 유독 선생은 곧은 마음[矢心]으로 도리를 지켰다[守經]. 태조가 노래를 지어 의중을 보이니, 선생 또한 노래로써 화답하며 백 번 죽어도 변치 않겠음을 비유하였다. 이로 인하여 이 다리에서 화를 당하였다. 다리 위에는 핏자국이 흥건하였는데 돌 속으로 스며들고 갈라진 틈으로 흘렀다. 그 색깔이 붉었는데 물을 떠다 닦으면 더욱 분명하게 드러났다. 이로 인하여 노인들이 서로 전하길 정시중의 피라고 하였다.
 간혹 여지輿誌에 기록되지 않은 때문에 이 일을 의심하는 사람들은 돌의 문양이 저절로 붉은 것이지 피가 아니라고 말한다. 옛날에 장홍萇弘이 촉蜀나라에서 죽었을 때 그 피를 감춰 보관했는데 3년 뒤에 푸른 색으로 변하였다. 순우백淳于伯[1]이 피살되었을 때 피로 기둥을 씻어내니 역류하

---

1 순우백淳于伯: 순우淳于는 복성이며 백伯은 이름임.

여 곡률광解律光²이 화를 당하였으며, 피가 땅에 떨어졌는데 제거하여도 사라지지 않았다. 연자녕練子寧³ 벽돌에 쓴 피[書磚之血]도 씻어도 사라지지 않았다. 황부인黃夫人 영석影石의 피는 사람들의 귀와 눈을 밝게 하였다. 하물며 우리 선생은 가슴속에 꽉 찬 뜨거운 피로 이 다리를 다 씻어냈으며, 비바람에도 씻기거나 닳지 않았다. 어찌 괴이한 일로 되돌릴 수 있겠는가.

다리는 옛 도읍의 동북쪽 큰길가에 있다. 선생의 후손 호인好仁이 개성부에 유수로 있을 때 차마 수레바퀴와 말 발자국에 밟히고 문드러지게 할 수 없어 특별히 다리 네 귀퉁이에 돌난간을 설치하였다. 별도로 다리 하나를 그 왼쪽에 만들어서 행인들이 통행하게 하였다. 다리 동쪽에는 옛날부터 비석이 있는데 한호韓濩의 필적이다. 영조 임금이 어제어필御製御筆로 「道德精忠亘萬古。泰山高節圃隱公」14자를 써서 비석을 세워 비각을 세웠다. 그 곁에 또한 성인비成仁碑가 있는데, 비석 뒤에 「一代忠義萬古綱常」 8자를 새겼다. 항시 비가 오지 않아도 젖어 있었기에 '읍비泣碑'라 불렀다. 선생은 목숨을 던져 뜻을 이뤘으니 이른바 '인을 구하고[求仁]' '인을 얻었다[得仁]'할 것이다. 어찌 원망함이 있어 울음[泣]에 이르렀겠는가. 이와 더불어 다리 위의 피를 불륜不倫으로 여겨 이 같은 말을 한 사람은 선생을 안다고 할 수 없다.

오호라. 선생의 한 몸에 종사宗社의 안위安危가 달렸으니 하루 몸을 보존한 즉 나라가 존재하고, 하루 몸을 버린 즉 나라 망하였다. 은인자중하여⁴ 폐립廢立 때 죽지 아니하고, 9공신의 반열에 오르면서 사양하지 않은 것은 이 때문이다. 그가 받은 것은 사직을 중하게 여기고 임금을 가볍게 여긴 뜻이 담겨 있다. 범부로 하늘을 지탱하려 하였다가 지탱하지 못하자 몸을

---

2 곡율광解律光(515~572): 중국 남북조 시대 북제北齊의 대장군으로 난릉왕蘭陵王과 함께 군사력을 장악하여 북주北周에 맞서 대항하였으나, 주위의 참언으로 몰살당하였다.
3 연자녕練子寧: 명나라 문황文皇 때 충신. 방효유方孝孺 등과 함께 문황에게 충언을 간하였으나, 오히려 간신들의 무고로 삼족三族이 멸해졌다.
4 은인隱忍: 고생스러운 일을 참고 견디어 밖으로 드러내지 않음. 은인자중隱忍自重.

버려서 안정에 기여한 자이니, 참으로 사직社稷의 신하⁵라 할 수 있다. 만약 선생으로 하여금 죽지 않게 하였다면 선수禪受의 일은 이뤄지지 않았을 것이다. 선생이 어찌 죽지 않을 수 있었으랴. 만약에 고려가 우리나라의 운명을 잇게 하였다면 공양왕恭讓王이 어지러움을 걱정하여 나라를 구하고자 폐립廢立의 죄⁶를 물었을 것이다. 그런 즉 선생이 행복하게 혈식血食⁷을 다하지 못하고, 법대로 주살誅殺되고 후회하게 되었을 것이다. 만약에 또한 불행하게 나라가 멸망하기⁸ 전에 먼저 죽었다면 잘못이 우리에게 있으니 어찌할 것인가.

생각하건대 신명身命을 다할 때를 당하여 순국하였을 뿐이다. 선생이 처했던 시기에 처했던 땅은 '의義'와 '인仁'이 정밀하고 익숙함이 군자에게 있지 않았으며,⁹ 본래 도道로써 주선하여 그 중용을 잃지 않기는 어려운 때이다. '평탄함과 험준함夷險'의 일절一節은 모두 지성至誠 측달惻怛¹⁰에서 나온 것이다. 은殷 나라의 세 사람에게서 구한다 할지라도 부끄럽지 않을 것이다. 옛 현인들 가운데 천지가 변화한다고 말한 바가 있는데, 나는 그 바름을 얻었다. 선생 같은 사람이야말로 그 같은 사람이 아니겠는가. 고려조에 선비를 오백년 간 양성하여 다만 선생 한 사람을 얻어 삼강오륜의 중대함을 맡겼도다. 영원히 만세토록 힘 입을 것이며, 천지와 더불어 유구할 것이다. 이 다리의 돌은 갈라지지 않을 것이며, 피도 달라지지 않을 것이니 선생은 죽지 아니한 것이다.

갑신년甲申(1824, 순조 24) 초여름에 나는 노주老洲 장인을 따라 송정을 유람하였는데 이 다리에 올라서 감히 밟지를 못하였으며, 돌 위를 피를 어루만지며, 혀로 핥고 싶었다.

---

5 사직지신社稷之臣: 나라의 안위安危와 존망存亡을 한몸에 맡은 중신重臣.
6 포은이 고려의 우왕禑王, 창왕昌王을 옹립한 것을 말함.
7 혈식血食: 나라의 의식으로 제사를 지냄.
8 원문의 '屋社'는 "나라가 멸망함"을 뜻한다.
9 '非義精仁熟~'은 『중용』에 나오는 문구이다.
10 지성측달至誠惻怛: 지극한 정성으로 긍휼히 여김. 『논어』〈미자〉편에 나오는 문구이다.

오호라. 이곳을 지나며 충의의 마음이 생기지 않는 자는 참으로 사람의 도리가 없는 자 일 것이다. 돌아와서 선죽교기를 짓는다.

善竹橋記 甲申

善竹橋者 高麗侍中圃隱鄭先生殉節之所也 當麗祿垂終 我太祖威德日盛 天命人心 咸歸眞主 獨先生矢心守經 太祖作歌以示意 先生亦和之以歌 喩百死不變 因之遇禍于是橋 橋上有血痕淋漓 沁入石心而注于罅 厥色朱殷 取水沃之 愈益分曉 故老相傳以爲鄭侍中血 或有以輿誌之所不載 而然疑於斯事者 至謂石文自紫非血也 若是者不通幽明之故者也 昔萇弘死于蜀 藏其血 三年化爲碧 淳于伯被殺 血拭柱 爲之逆流 斛律光受禍 血在地去之不滅 練子寧書磚之血 洗滌不滅 黃夫人影石之血 昭人耳目 況吾先生滿腔熱血 灑盡斯橋 風雨不能盪磨 曷可歸之以涉怪 而認非其眞哉 橋在故都東北通衢大路 先生後孫好仁居留是府 不忍車轍馬跡之所蹂硏 特設石欄于橋之四圍 別爲一橋其左 用通行旅 橋東舊有碑 卽韓漢筆也 英廟御製御筆道德精忠亘萬古 泰山高節圃隱公十四字 竪碑建閣 其傍又有成仁碑 碑陰刻一代忠義萬古綱常八字 常不雨而濕 號曰泣碑 先生之致命遂志 卽所謂求仁得仁 何怨之有 而至於泣乎 是與橋石之血 其義不倫 爲斯言者 非所以知先生也 嗚呼 先生以一身而係宗社之安危 一日身存則國存 一日身亡則國亡 隱忍不死於廢立之際 至參九功臣之列而不辭者 卽以此也 其有受於社稷爲重君爲輕之義乎 逮夫撐天而不支 則身殉以靖獻者 眞社稷之臣也 苟使先生而不死 則禪受之事不成 先生安得以無死乎 向使麗氏迓續邦命 恭讓念亂圖存 問廢立之罪 則先生當幸血食之未殄 爲法受誅而靡悔已矣 若又不幸先殞於屋社之前 則有非吾之所可奈何 惟當竭身命以殉國而已 先生所値之時 所處之地 非義精仁熟底君子 固難以道周旋不失其中 而其夷險一節 皆出於至誠惻怛 求諸殷三仁而無愧 昔賢有云天地變化 我得其正 若先生者 庸

非其人耶 麗朝養士五百年 秖得先生一人 任三綱五常之重 永賴于萬世
與天地悠久 而玆橋之石不泐血不渝 則先生爲不死矣 甲申孟夏 余隨老
洲丈人 爲松京遊 登是橋而不敢踐 摩挲石血 欲爲之舌舐 嗚呼 過此而
不生忠義之心者 眞無人理者也 歸而爲善竹橋記

洪直弼,『梅山集』卷之二十八, 記, a_296_042b

002

선죽교사

홍경모洪敬謨[*]

다리는 개성부 좌견리에 있다. 고려 시중 포은 정선생의 절의를 세운 곳이다. 선생이 살신성인하던 날에 대나무 떨기가 다리 곁에 솟아났다. 이로 인해 이름한 것이다. 다리 위에는 핏자국이 지금도 뚜렷하다. 영조 경신庚申(1740, 영조 16)에 제릉齊陵과 후릉厚陵을 배알하고 다리에 임하여 머물러서 어제어필로 비액碑額을 쓰기를 "도덕과 정충이 만고에 뻗치리니/ 태산 같은 높은 절개 포은공이네[道德精忠亘萬古 泰山高節圃隱公]"이라 하였는데, 그 옆에 세웠다.

저 다리 위를 우러러 보니
녹죽이 아름답도다
높은 인품은 가을의 엄함을 능가하고
변함없는 빛깔은 봄날 곱살스러움을 빼앗았네[1]

[*] 홍경모洪敬謨(1774~1851): 조선 후기의 문신·학자. 자는 경수敬修, 호는 관암冠巖 또는 운석일민 耘石逸民이다.

서리를 무릅쓰고 눈속에 서서는
홀로 사계절에 푸르르네
오호라. 선생이여, 이와 같으시도다
가운데는 비고 바깥은 곧은 것이
공의 절개로다.
가지와 잎을 고치지 않음은
공의 정렬이로다
대나무 뿌리는 굳기에
굳음으로 인을 심으며
대나무 성품은 바루어서
바룸으로 몸을 세우네
대나무 속은 비어 있어
빈 것으로 도를 삼네
대나무의 마디는 곧아서
곧음으로 뜻을 세우네
오호라, 선생이시여 이와 같도다
거듭 빈번한 서리 찬바람 말하는데
때맞춘 비는 쓸쓸하고 생황소리 그윽하네
어느 풀인들 누렇지 않을까만
너는 어찌 푸르기만 하는가
굳센 마디, 성긴 자태인데
정신은 양양하여 위에 있고
화려하게 빛나 빛과 가지런하네
아름답도다, 선생이시여
대나무와 짝하였네

---

1   당대唐代 한유韓愈의「신죽新竹」이란 시에 "高標分凌秋巖, 貞色分奪春媚" 시구가 있다.

대나무는 꺾고 잘라도
오직 정충만은 영원하리라

善竹橋辭

橋在開城府坐犬里 卽高麗侍中圃隱鄭先生樹節之地也 先生成仁之日 有竹叢生於橋傍 因以名之 血痕斑于橋上 至今宛然 英廟庚申 祗謁于齊厚兩陵 臨橋止螺 以御製御筆題碑額曰 道德精忠亘萬古 泰山高節圃隱公 豎于其傍

瞻彼橋上兮 綠竹猗猗 高標兮凌秋嚴 貞色兮奪春媚 冒霜兮立雪 獨也靑兮四時 嗚呼先生兮是以似之 中通外直 維公之節 不改柯葉 維公之烈 竹本兮固 固以樹仁 竹性兮直 直以立身 竹心兮空 空以體道 竹節兮貞 貞以立志 嗚呼 先生 是以似之 重曰 繁霜兮緖風 靈雨凄兮幽篁 何草不黃兮 爾胡爲乎靑靑 勁節兮竦姿 神洋洋兮在上 爛昭昭兮齊光 猗嗟乎先生 維竹之耦 竹可摧而翦兮 唯精忠爲不朽

洪敬謨, 『冠巖全書』 册一, 辭, b_113_020b

선죽교기실비

정호인 鄭好仁

　　선죽교는 나의 선조 포은선생이 살신성인한 곳이다. 다리 위에 핏자국이 있는데, 옛 노인들이 서로 전하길 기이한 일이라 하였다. 문헌에는 비록 징험할 것이 없으나 장홍의 피를 땅에 묻자 푸르게 변했다고 하니, 혹은 그러한 이치도 있을 것이다. 다리에는 하마비下馬碑가 있는데 비록 언제 세운 것인지는 알 수 없으나 아마도 송도의 인사들이 우러러 사모하는 뜻에서 나온 것이리라. 지금은 무성하고 훼손되어 기록하기 어렵다. 다리는 또한 동북 요충으로 수레바퀴, 말 발자국이 종횡으로 나 있다. 식자들이 오히려 한심하게 여기거늘 하물며 자손에서이랴. 나는 마침 유사로 재임하면서 와서 살펴보며 노닐다가 나도 모르는 사이에 눈물을 흘렸다. 이에 장인을 불러 별도로 다리를 그 왼쪽에 만들어 통행하게 하고, 옛 다리에 돌난간을 설치해 밟지 못하게 하였다. 이는 소자 혼자만의 행동이 아니고, 아마도 많은 선비들의 바람일 것이리라. 후대의 선생의 얼을 흠모하는 자는 이를 계속하여 다스려 수리해서 훼손되지 않도록 해야 할 것이다.

善竹橋記實碑

　善竹橋 則我先祖圃隱先生 成仁之所也 橋上有血痕 古老相傳爲異事 文獻雖無徵 而萇弘埋碧 理或有之歟 橋有馬碑 雖未知豎於何時 盖出於都人士景仰之義 而至今蕪沒難記 橋又東北要衝 車轍馬跡縱橫焉. 識者猶且寒心 況爲子孫乎 余適在居留之任 來省徊徨 不覺涕下 於是召匠 別爲一橋其左 以通行旅 用石欄舊橋 俾不至踐踏 此非獨小子之行 抑亦多士之願也 後之慕先生之風者 繼玆以修治 則庶乎其不壞也

『中京志』卷之六十四, 橋梁, 善竹橋

004

고려 정시중 녹사 순의비

조진관趙鎭寬[*]

송도는 고려의 유적지이다. 성 동쪽에 숭양서원이 있는데 포은선생을 제향한다. 또 그 동쪽의 선죽교에는 돌에 검붉은 게 있는데 세상 사람들은 선생의 피라고 칭한다. 그 옆에 선생의 비가 있는데 비가 오지 않아도 젖어 있으므로 읍비泣碑라고 부른다. 조금 더 가면 우뚝솟아 시립侍立한 것처럼 보이는 것은 지금 세운 녹사비錄事碑이다. 녹사는 누구인가. 선생의 부사府史이다. 선생은 나라에 순절하였고, 녹사는 선생에 순절하였다. 선생의 순절과 녹사의 순절은 그 의로움에 있어선 하나이다. 『포은집』에 이르길 "선생이 다리에서 운명할 때 녹사가 뒤따랐다. 무부武夫가 고건槀鞬을 지니고 지나가니 선생은 녹사를 돌아보고 말하길 돌아가라 하였다. 녹사는 상공이 계신데 소인이 어찌 가겠습니까 하였다. 마침내 선생을 껴안고 죽었다"고 한다. 당시에는 많은 사람들이 꺼려하였기에 역사서에도 그 이름을 남기지 못하였다.

---

[*] 조진관趙鎭寬(1739~1808): 조선 후기의 문신. 본관은 풍양豊壤. 자는 유숙裕叔, 호는 가정柯汀. 대마도에서 고구마를 들여와 재배한 이조판서 엄曮의 아들이다.

아깝도다. 사대부가 평소에 성현의 글을 읽고 임금의 은총과 후한 복록을 받으면서도 위급함에 미쳐서는 목숨을 버려 달라지지 않는 자가 드물다. 저 녹사는 특히 평민으로 벼슬한 자 일뿐이다. 조정에 있지 않고 잔치에도 참여하지 않았는데 창졸간에 죽음을 판단하여 선생과 함께 하였으니, 참으로 선생의 녹사라 하겠다. 녹사는 오랫동안 비석이 없었다. 개성부의 인사 아무개 등이 그 자취가 사라짐을 두려워하여 서로 경비를 마련하고 돌을 다듬어 선생의 비석 옆에 세웠으니, 선생을 따름을 표상한 것이다. 저 숭양서원에 선생의 제향과 함께 갖춰질 바이다.

高麗鄭侍中錄事殉義碑

松都麗氏墟也 城東崧陽院 享圃隱先生 又其東善竹橋 有石朱殷 世稱先生血 傍有先生碑 不雨而濕 號曰泣碑 退數武 兀然如侍立者 今所豎錄事碑也 錄事爲誰 先生之府史也 先生殉國 錄事殉先生. 其義一也 圃隱集云先生殞於橋也 錄事從焉 有武夫橐鞬而過者 先生顧錄事曰後 錄事曰相公在 小人焉往 遂抱先生死 當時多諱 史逸其名姓

惜哉 士大夫平居讀聖賢書 受君寵祿厚 及乎危急之際 舍命不渝者鮮 彼錄事 特庶人在官者耳 朝不坐 讌不與 乃能倉卒辦死 與先生同之 眞可爲先生錄事也 錄事久無碑 府人士某某等 懼其蹟之泯也 相與鳩財伐石 建于先生碑側 象其從先生也 維彼崧陽之院 享先生亦備矣

趙鎭寬, 『柯汀遺稿』 卷之六, 碑, b_096_618a

005

성인록 발문

윤두수尹斗壽*

옛날 연경燕京으로 사신을 갔다가 도성을 나서는 날 삼충사三忠祠에 배알하였는데, 문산文山¹의 초상이 늠름하게 생기가 있는 것을 보고는 송연히 엄숙한 마음이 일었다. 그 후 연안延安의 수령이 되었을 적에 송도松都를 왕래하다가 포은圃隱의 화상에 배알하였는데, 경앙景仰하는 마음이 앞에서와 차이가 없었으니, 책에 실려 있는 문자 찌꺼기를 대하는 것보다 훨씬 더 나았다. 이에 그 진상眞像과 글씨를 모사하여 한 권의 책을 만들었는데, 때때로 보면서 옷깃을 여미며 공경을 다하지 않은 적이 없었으니, 이런 마음은 무엇이 그렇게 하게 한 것인지 모르겠다.

두 분의 처신과 죽음은 자못 유사하니, 과거에서 장원을 한 것이 같고 나랏일이 이미 결딴난 뒤에 정승을 한 것이 닮았다. 익왕益王이 정오井澳에

---

* 윤두수尹斗壽(1533~1601): 조선 중기의 문신. 본관은 해평海平. 자는 자앙子昂, 호는 오음梧陰.
1 문산文山: 남송南宋 때의 충신 문천상文天祥의 호이다. 그는 정승으로 이종理宗, 익왕益王을 섬겼고, 위왕衛王 때 조양潮陽에서 패전하여 원군元軍의 포로가 되어 연경燕京에 3년 동안 억류되었는데, 끝내 굴하지 않고 〈정기가正氣歌〉를 지어 자신의 충절忠節을 나타내고 죽었다. 『宋史』, 卷418 文天祥列傳.

서 죽었고 위왕衛王이 바다로 뛰어들어 죽었으며 박라博羅가 무릎을 꿇렸는데도, 문산의 지절志節은 조금도 꺾이지 않았다. 곤욕을 주고 좌절시키고 감언으로 유혹하고 높은 작위로 달랬어도 끝내 그 뜻을 빼앗지 못하자 결국 죽였다.

90일 걸리는 거리를 50일 만에 갔고[2] 이웃 나라가 난리를 일으켰을 때 어려워하는 기색 없이 명을 받아 갔으니 포은의 지절은 어떻다 하겠는가. 비록 천명이 귀의하는 바를 알았지만 본조本朝를 잊지 못하는 마음은 어떤 험난한 상황에서도 변하지 않았다. 하나의 나무 기둥으로 큰 집을 지탱하려 하다가 끝내 조용히 의리에 나아가 죽으면서도 마음에 달게 여겼다. 이는 모두 배양한 바의 순수함과 확립한 바의 탁이함이 추상秋霜, 열일烈日과 같이 밝고 대종岱宗, 교악喬岳[3]과 같이 높아서 사람들이 함부로 가까이할 수 없는 것이다.

문산의 말에 이르기를, "부모께서 병이 위중하시면 비록 낫게 하지 못하는 것을 알더라도 약을 쓰지 않을 리는 없다." 하고, 포은의 말에 이르기를, "남의 사직社稷을 맡아서 어찌 감히 두 마음을 먹을 수 있으리오. 나는 이미 결심한 바가 있다." 하였으니, 두 분의 말이 두 분의 마음인 것이다. 시비이해是非利害와 경중취사輕重取捨의 구분에 대한 견해가 극진한 경지에까지 이르렀기 때문에 비록 전패顚沛, 유리流離하는 즈음에서도 여유 있게 처신하여 살 수 있는데도 삶을 선택하지 않을 수 있었고 죽으면서도 운명처럼 편안할 수 있어서 하나의 '인仁'을 성취할 수 있기에 이른 것이다. 오호라, 장렬하도다. 오호라, 위대하도다.

사대부가 평소 임금의 녹을 먹을 때는 그 녹이 후하지 않을까 염려하여

---

2 90일……갔고: 성절사聖節使로서 전왕의 시호諡號와 사왕嗣王의 승습承襲을 아울러 청하기 위해 중국에 갔을 때의 일이다. 남경南京까지의 정상적인 거리로 따지면 90일이 소요되는데, 밤낮으로 재촉하여 제때에 도착함으로써 목적했던 일을 이루었을 뿐 아니라, 그전에 사신으로 갔다가 황제의 노여움을 사서 억류되어 있던 이들까지 석방되어 함께 귀국할 수 있었다(鄭道傳, 〈敎告文〉 『三峯集』 卷14).

3 대종岱宗, 교악喬岳: 모두 태산泰山을 지칭하는 말임.

이르기를, "나는 나랏일에 능하다." 한다. 그러나 털끝만 한 이해득실이라도 당하게 되면 그 마음이 동요되고 그 지조가 무너지지 않을 자가 드무니, 이 책을 보는 사람 치고 이마에 식은땀을 흘리지 않을 자가 있겠는가. 내가 그런 것이 두려워 이 책을 간행하는 것이로되, 앞부분에는 당시의 조서詔書와 교서敎書의 개략을 싣고 제공諸公의 의논과 시문을 뒤에 첨부하였다.

오호라, 시시柴市[4]와 선죽교善竹橋에는 이미 천년의 푸른 피가 남아 있거니와 높은 산, 큰길과 같은 덕행에 어찌 후세를 위한 표적標的을 남기지 않을 수 있으랴.

成仁錄跋

昔年 奉使燕京 出城日 謁三忠祠 見文山肖像 凜凜有生氣 竦然而起肅 及視延陵篆 往來松都 拜圃隱畫像 景仰之心 與前無間 大勝於對黃卷糟粕文字間也 乃摹眞像及其心畫 作爲一編 時而觀之 未嘗不斂袵而加敬 不知是心孰使然哉 夫二公之出處生死 頗相類 捷魁於場屋 同也 拜相於國事旣去之後 似也 至其益王殂于井澳矣 衛王赴海死矣 博羅使之跪矣 而文山之志節 不少沮 困辱之摧折之 甘言以誘之 高爵以啖之 迄莫能奪之而竟死之 九十日程而五十日乃進 隣邦方構亂 而嚙命無難色 圃隱之志節 爲如何 雖知天命有歸 眷眷本朝之心 夷險不改 欲以一木支大廈 終至於從容就義而甘心焉 是皆所養之粹 所立之卓 皎然如秋霜烈日之光 屹然如岱宗喬岳之高 而人不可狎近也 文山之言曰 父母有疾 雖不可爲 無不用藥之理 圃隱之言曰 受人社稷 豈敢有二心 吾已有所處矣 二公之言 二公之心也 由其見得是非利害輕重取捨之分 極到盡

---

4 시시柴市: 중국 북경에 있는 지명으로 문천상이 이곳에서 처형되었다.

處故雖於顚沛流離之際而處之裕如可以生而有不由 可以死而安若命 蘄
至於成就一箇仁字而已 嗚呼烈哉 嗚呼偉哉 士大夫平居 食君之祿 畏不
厚曰吾能國耳 及乎臨秋毫得失 其不動其心喪其守者鮮矣 觀是編者 有
不泚其顙乎 吾爲此懼 刊是編而首以當日詔敎之略 附以諸公言論詩文
于後 嗚呼 柴市竹橋 旣留千年之碧血 高山景行 寧闕後世之表的

尹斗壽, 『梧陰遺稿』 卷三, a_041_547c

선죽교에 이르러 포은공의 절개를 기리다

　임금이 행궁行宮에서 회가回駕하기 위해 선죽교에 이르렀는데 직접, '도덕과 정충이 만고에 뻗치니, 태산 같은 높은 절개 포은공이로다.[道德精忠亘萬古 泰山高節圃隱公]'라는 14자를 써서 유수로 하여금 비석에 새겨 세우게 하였다. 또 대제학 오원吳瑗에게 명하여 사적을 기술하여 비석의 뒷면에 새기게 하였으며, 군중軍中에 명하여 금고金鼓의 소리를 중지하게 하였는데, 이는 어진 이를 존경하는 뜻을 보인 것이었다. 성균관에 두루 들러 곤복袞服 차림으로 선성先聖을 알현하였고, 명륜당에 나아가 유儒생들을 불러 보고 관중館中에 목면 1백 필을 하사하였다. 또 직접 '존성도尊聖道'라는 세 글자를 써서 명륜당에 걸고, 또 사서·삼경 각각 1질을 하사하였다. 임금이 태학太學을 두루 관람하고 탄식하기를, "이렇게 좋은 기지가 있는데도 사문斯文[1]을 숭상하는 정치를 하지 않고 오로지 불교만 숭상하다가 나라가 멸망하는 지경에 이르렀으니, 어찌 애석한 일이 아니겠는가?" 하였다.

1　사문斯文: 유학儒學을 지칭하는 말임.

上自行宮 將回鑾 至善竹橋 親書道德精忠亘萬古 泰山高節圃隱公十
四字 令留守刻碑立之 又命大提學吳瑗紀述事蹟 刻之碑陰 命軍中止金
鼓聲 蓋示敬賢之意也 臨成均館 以衰服謁先聖 還御明倫堂 召見儒生
賜木綿百匹於館中 又親書尊聖道三字 揭于堂中 又賜四書三經各一帙
上周覽太學 歎曰 有此好基址 不以右文爲治 專事崇佛 以至亂亡 豈不
惜哉

『英祖實錄』 卷五十二, 十六年(1740, 庚申, 乾隆5) 九月 三日(辛未) 1

영조어제어필

선죽교에 들러 군중軍中에 명하여 징과 북을 그치도록하여 어진이를 공경하는 뜻을 보였다. '도덕과 정충이 만고에 뻗치리니 태산 같은 높은 절개 포은공이로다.[道德精忠亘萬古 泰山高節圃隱公]' 14글자를 친히 써주어 비에 새겨 세우도록 하고, 대제학 오원에게 명하여 그 비의 뒷면에 새길 글을 짓도록 하였다.

歷臨善竹橋 命軍中止金鼓 以示敬賢之意 親書道德精忠亘萬古 泰山高節圃隱公十四字 碑之 又命大提學吳瑗記其碑陰

『國朝寶鑑』 卷62:7a-b / 『英祖實錄』 六, 十六年(庚申,1740) 十月

008

수시중 익양백 정몽주가 졸하다

안정복安鼎福*

　　정몽주가 사람을 나누어보내 조준·정도전 등을 죽이려 하였는데 그때 태조는 돌아오다가 벽란도碧瀾渡에 이르렀다. 태종이 말을 달려가 고하기를, "정몽주가 기어코 우리 집안을 함몰시키려 합니다."하고, 굳이 청하여 병을 무릅쓰고 밤새 돌아와 3일갑인 미명未明에 입경入京하여 조준 등의 억울함을 서너 차례나 왕복하면서 변론하였으나 왕은 들어 주지 않았다. 이에 태종이 근심에 싸여 결단을 내리지 못하고 있을 때 광흥창사廣興倉使 정탁鄭擢이 문을 두드리고 들어와 뵈며 말하기를, "백성의 이해를 결정할 때가 바로 지금입니다. 왕후王侯·장상將相의 씨가 어찌 따로 있겠습니까?" 하니, 태종은 즉시 태조의 집으로 돌아와 휘하 장사들을 모아놓고 의논하였는데, 태조의 형인 원계元桂의 사위 변중량卞仲良이 이 사실을 정몽주에게 누설하였다. 이때 정몽주는 일이 뜻대로 되지 않음을 걱정하여 밥을 먹지 않은 지가 사흘이나 되었다. 정몽주는 태조의 집을 방문하여 사태의

---

* 안정복安鼎福(1712~1791): 조선 후기의 역사학자·실학자. 본관은 광주廣州. 자는 백순百順, 호는 순암順庵·한산병은漢山病隱·우이자虞夷子·상헌橡軒.

변화를 살폈는데, 이에 태종이, "이 기회를 놓칠 수 없다."하고 이두란李豆蘭을 시켜 격살하도록 하니 이두란이 말하기를, "우리 공公(이성계를 말한다)이 모르는 일을 내가 어찌 감히 하겠는가?"하므로 태종은 판전객시사 조영규趙英珪에게 말하니, 조영규가 하겠다 말하고 해주목사조무趙茂, 중랑장 고여高呂, 판사 이부李敷 등과 길목에 잠복해 있었다. 정몽주가 돌아오는데 동개[櫜鞬]¹를 멘 무부武夫가 스치며 지나가자 정몽주가 얼굴빛을 변하며 수행하는 녹사에게 말하기를, "너는 뒤에 처지는 것이 좋겠다."하고, 재삼 꾸짖으며 못 따라오게 하였으나 듣지 않고 말하기를, "소인은 대감을 수행하는 몸인데 어찌 돌아가겠습니까?"하였다. 선죽교에 이르자 조영규가 쳤으나 맞지 않았다. 정몽주가 꾸짖으며 말을 채찍질해 달아나자 조영규가 따라와 말머리를 쳐서 말이 꺼꾸러지고 정몽주가 땅에 떨어지니 고여가 쳐서 죽이므로 녹사도 끌어안고 같이 죽었다. 이날이 바로 4월 4일(을묘)로 정몽주의 당시 나이는 56세였다. 『동각잡기』를 참고하여 썼다. ○ 녹사의 일은 심광세의 『악부』에서 나온 것이다.

　태종이 들어가 이 사실을 고하자 태조가 크게 노하여 말하기를, "네가 함부로 대신을 죽였으니, 국인들이 내가 모르는 일이라고 하겠느냐? 우리 가문은 본디 충효로 소문이 났는데 너희들이 감히 불효를 저질렀구나!" 하였다. 태종이 대답하기를, "정몽주 등이 우리 가문을 망치려 하는데 어찌 가만히 앉아서 망하기를 기다리겠습니까? 이것이 바로 효도입니다. 마땅히 휘하의 군사들을 모아 불의의 변에 대비해야 합니다."하였다.

　당초에 태조가 정몽주의 기국器局이 큼을 알고 여러 차례 천거하여 함께 재상의 지위에 올랐다. 태종이 일찍이 태조에게 아뢰기를, "정몽주가 어찌 우리 집안을 저버리겠습니까?"하자, 태조가 말하기를, "내가 잘못 참소를 당했다면 정몽주는 죽기로써 나의 억울함을 밝힐 것이지만 만약 국가에 관계되는 일이라면 알 수 없다."하였다. 심씨의 『악부』를 참조하여

1　동개[櫜鞬]: 활과 화살을 넣어 등에 지고 다니는 물건.

편수하였다.

 정몽주의 머리를 베어 저자에 효수梟首하고 가산을 적몰籍沒하고 그 죄목을 방榜에 써서 붙였다.

守侍中益陽伯鄭夢周卒

 夢周將分遣人 殺浚道傳等 時太祖還至碧瀾渡 太宗馳告曰 夢周必陷我家 固請力疾夜還 甲寅未明 入京辨浚等誣枉 往複再三 王不聽 太宗憂虞未決 廣興倉使鄭擢 叩門來見曰 生民利害 決於斯時 王侯將相 寧有種乎 太宗卽還 太祖邸召 麾下士議之 太祖兄元桂之壻下仲良 洩其謀於夢周 時夢周憂事未濟 不食已三日 夢周詣 太祖邸觀變 太宗曰 時不可失 使李豆蘭擊之 豆蘭曰 我公不知之事 余何敢爲 太宗言於判典客寺事趙英珪 英珪請行 與海州牧使趙茂 中郞將高呂 判事李敷等 伏於路 及夢周還 有橐鞬武夫衝過 夢周變色顧隨行錄事曰 汝可落後 再三呵止 不從曰小人從大監 何可往乎 至善竹橋 英珪擊之不中 夢周叱之 策馬而走 英珪追擊馬首 馬躓 夢周墮地 呂追擊殺之 錄事抱持同死 卽四月初四日乙卯也 夢周時年五十六(用東閣雜記參修 錄事事出沈氏樂府) 太宗入告 太祖震怒曰 汝擅殺大臣 國人以我爲不知乎 吾家素以忠孝聞 汝等敢爲不孝乃爾 太宗對曰 夢周等將陷我家 豈可坐而待亡 此乃所以爲孝也 宜召麾下士備不虞 初太祖素器重夢周 屢加薦擢 同升爲相 太宗嘗告太祖曰鄭夢周豈負我家 太祖曰 我遭橫讒 夢周以死明我 若係于國家 有不可知(用沈氏樂府參修) 梟夢周首于市 籍其家榜示其罪

安鼎福,『東史綱目』卷十七,下, 壬申年
恭讓王 四年(明太祖 洪武 25, 1392), 四月

009

송경유람기

김창협金昌協[*]

　병진일 아침에 일어나 즉시 숭양서원으로 달려가 참배하였는데, 문을 들어서자 소나무와 대나무가 빽빽하게 늘어서 있어 포은 선생의 꼿꼿한 기상을 보는 듯하였다. 동쪽으로 10보쯤 간 곳에 작은 비석이 서 있는데, '고려 충신 정 아무개의 마을[高麗忠臣鄭某之閭]'이라고 쓰여 있었다. 또 동쪽으로 수백 보 간 곳이 선죽교인데, 바로 선생이 절명하신 곳이다. 선죽교 동쪽에 비석 두 개가 있는데, 하나에는 다리 이름이 쓰여 있고 다른 하나에는 '고려 시중 정선생 성인비高麗侍中鄭先生成仁碑'라고 쓰여 있었다. 시종들이 다리의 이름을 처음 듣고 내심 특별한 경관이 있을 것으로 알았다가 막상 와서 보자 그저 판판한 돌 하나만 있을 뿐이었으므로 서로 바라보며 기가 막혀 웃었다. 나는 홀로 감개한 심정으로 서성이며 오래도록 떠날 수가 없었다.

---

[*] 김창협金昌協(1651~1708): 조선 후기의 문신·학자. 본관은 안동安東. 자는 중화仲和, 호는 농암農巖·삼주三洲.

松京遊覽記

　丙辰 早起卽走謁崧陽書院 入門 松竹森然 想見先生後凋氣象 東十步許 立短碑 書高麗忠臣鄭某之閭 又東數百步 爲善竹橋 卽先生授命地也 橋東有二碑 一書橋名 一書高麗侍中鄭先生成仁碑 從者始聞橋名 謂有他奇 及見之 特扁然一石耳 則相視啞然而笑 余獨感慨彷徨 久而不能去

金昌協,『農巖集』卷二十三, 記, a_162_163a

010

영동사

윤기 尹愭[*]

　태조가 심덕부沈德符, 정도전鄭道傳 등과 논의하여 우왕禑王과 창왕昌王은 본래 왕씨가 아니니 종묘의 제사를 받들 수 없다고 하여 우왕을 강릉으로 옮기고 창왕을 강화로 추방하였다. 그리고 정창군定昌君 왕요王瑤를 세우니 바로 공양왕이다.[1] 뒤이어 우왕과 창왕을 주살하였다.[2] 파평군 윤이尹彛와 중랑장 이초李初가 반역하여 중국에 들어가 무고하기를 "시중 이성계가 장차 상국上國(명나라)을 침략하려고 하자 이색 등이 안 된다고 하였습니다.[3] 이에 이색 등 19인을 잡아 죽이거나 유배하였습니다. 귀양 가 있는 재상들이 몰래 저희를 보냈기 때문에 와서 고하는 것입니다. 고려로 와서

---

[*] 윤기尹愭(1741~1826): 조선 후기의 문신・학자. 본관은 파평坡平. 자는 경부敬夫, 호는 무명자無名子. 이익李瀷을 사사하였다.
[1] 정창군定昌君~공양왕恭讓王이다: 제34대 마지막 임금 공양왕恭讓王 즉위년(1388) 11월 기묘일의 일이다. 『高麗史 卷45 恭讓王世家1 卽位年』.
[2] 우왕과 창왕을 주살하였다: 창왕 원년(1389) 12월의 일이다. 『高麗史 卷137 辛禑列傳5 辛昌 元年』.
[3] 파평군坡平君~하였다: 공양왕 2년(1390) 5월 초하루 계사일에 명나라에 사신으로 갔던 왕방王昉과 조반趙胖 등이 돌아와 명나라 예부禮部에서 자신들에게 전했다고 말한 내용이다. 『高麗史 卷45 恭讓王世家1 2年』.

토벌해주기를 청한다고 하였습니다."라고 하였다. 이 때문에 윤이와 이초의 당여를 국문하여 옥중에서 죽게 하거나 그 가산을 적몰하였다.[4] 윤이와 이초가 또 조선의 종계宗系를 무고하여 조선 태조가 이인임의 후손이라고 하였기 때문에 무고를 변별해줄 것을 주청하였다. 선조 때에 이르러서야 유홍兪泓이 비로소 개정된 『대명회전大明會典』을 가지고 돌아왔다.[5] 공양왕 4년(1392)에 조영규가 길에서 정몽주를 기다렸다가 격살하였는데 선죽교에 아직도 그 혈흔이 남아있다.

詠東史 其五百九十八

太祖與沈德符 鄭道傳等議 禑昌本非王氏 不可奉宗祀 遷禑江陵 放昌江華 立定昌君瑤 是爲恭讓王 仍誅禑昌 坡平君尹彝中郎將李初叛 入中國誣訴李侍中將犯上國 李穡等以爲不可 卽將穡等十九人 或害或流 在貶宰相潛遣來告 仍請來討云 故鞫彝初之黨 或死獄中 或籍其家 彝初又誣國系爲李仁任之後 故奏請下誣 至宣廟朝 兪泓始賫改正會典來 恭讓四年 趙英珪要鄭夢周於路 擊殺之 善竹橋尙有血痕

尹愭, 『無名子集』, 詩稿, 第六册, a_256_147a

[4] 윤이와~적몰하였다: 공양왕 2년(1390) 5월 신축일의 일이다. 『高麗史 卷45 恭讓王世家1 2年』.
[5] 조선~돌아왔다: 조선 개국 초부터 선조 때까지 약 200년간 잘못 기록된 조선 태조 이성계李成桂의 종계宗系를 명나라에 개록改錄해줄 것을 주청한 종계변무宗系辨誣 사건을 이른다. 『대명회전』의 '조선국朝鮮國'조의 주에 "고려 이인임과 그 아들 이성계, 지금 이름은 단旦이라는 자가 홍무 6년(1373)부터 25년(1392)까지 앞뒤로 왕씨 사왕四王을 시해하였으므로 우선 기다리게 하였다. [卽高麗其李仁人及子李成桂今名旦者 自洪武六年至洪武二十八年 首尾凡弑王氏四王 姑待之]"라고 되어 있는 내용을 고쳐줄 것을 요구하였으나 시정 약속만 하고 실현되지 못하여 역대 왕들의 가장 큰 현안 문제가 되었다. 선조 21년(1588) 4월 24일에 유홍兪泓이 고쳐진 『대명회전』을 가지고 돌아와 이 사건은 일단락되었다. '사왕'은 공민왕, 우왕, 창왕, 공양왕이다. 『宣祖實錄 21年 4月 24日』, 『明會典 卷96 禮部55 東北 朝鮮國』.

011

고려 녹사 김경조 기실비를 쓰고 나서*

*숭양인이 고려 김녹사경조기실비를 써달라고 하였다.
쓰기를 마친 뒤에 2수와 함께 서문을 붙였다.

신위申緯**

    고려 시중 포은선생 문충공 정몽주가 죽던 날에, 공의 녹사도 공과 함께 해를 당하였다. 지금 선죽교에 녹사비가 있는데, 속칭 읍비泣碑라고 하며 그 일을 기록하고 있다. 그러나 사서史書에 이름이 전하지 않고 비석에서도 고증할 수 없으니, 이것이 천고의 한이 되는 것이다.
    근래에 숭양 사람이 고가故家의 부서진 농에서 좀먹은 서책 한 권을 발견하였는데, 『진도김씨세보珍島金氏世譜』로서 가정嘉靖 계미년(1523, 중종 18)에 간행한 것이었다. 그 족보에 이름이 나오고, 그 아래에 "경조는 벼슬이 녹사인데, 정문충공을 수행하였다가 해를 당하였다." 하였으며, 기사 내용이 매우 자세하였다. 그의 아버지는 김구주金九周이며 공민왕 때 시중이었다고 하였다. 숭양의 인사들이 모두 그 족보의 내용을 덕행을 기록한 사료라고 여기고, 드디어 옛날 비 옆에 비 하나를 세워 주었다.

**   신위申緯(1769~1845): 조선 후기의 문신·화가·서예가. 본관은 평산平山. 자는 한수漢叟, 호는 자하紫霞·경수당警修堂이다.

崧陽人求書高麗金錄事慶祚紀實碑 寫旣訖 題後二首幷序

　高麗侍中 圃隱先生 鄭文忠公夢周 成仁之日 公之錄事 同公遇害 今善竹橋 有錄事碑 俗稱泣碑者 紀其事 然史失名 碑亦無徵 此爲千古可恨 近崧陽人從故家敗籠 發一蠹簡 乃珍島金氏世譜 嘉靖癸未開雕者 譜有名曰慶祚 官錄事 從鄭文忠遇害 書之甚悉 其父曰九周 恭愍朝侍中也 崧之人士咸以譜爲惇史 遂乞文於留守李子田 乞書於余 立一碑舊碑傍 從此錄事姓名 可與文忠共敝天壤 亦曠世奇事也

申緯, 『警修堂全藁』 册十一, 291_251a

012

고려 때 수절한 신하

이긍익李肯翊*

 처음에 공은 태조의 인정을 가장 두텁게 받아 여러 차례 태조의 막하에 부름을 받았다. 갑진년(1364)에 태조가 병마사로서 삼선三善을 격퇴할 때에 공은 태조의 종사관이 되었고, 무오년(1378)에는 판도판서로서 태조를 따라 운봉에서 왜를 격퇴하였으며, 계해년(1383)에는 동북면 조전원수로서 태조를 따라 정벌하는 데 나아갔다. 위화도 회군 후에는 태조가 자기와 함께 승진케 하여 상相이 되었다. 공은 김진양金震陽 등 제공과 함께 자신을 잊고 나라에 충성을 다하여 고려의 사직을 붙들려고 하였다.
 이때 태조의 공업은 날로 성하여져서 여러 신하들의 마음이 그리로 쏠려 그 형세가 태조가 끝까지 남의 신하 노릇하기에는 어렵게 되었다. 그래서 공은 그 세력을 꺾고자 하여 은밀히 계책을 세웠다. 태종이 일찍이 태조에게 고하기를, "정몽주가 어찌 우리 집안을 배반하겠습니까." 하였을 때, 태조가 말하기를, "우리가 혹 근거 없는 모함을 당한다면 몽주는 반드

---

* 이긍익李肯翊(1736~1806): 조선 후기의 학자. 본관은 전주全州. 자는 장경長卿. 호는 완산完山 또는 연려실燃藜室. 아버지는 광사匡師이다.

시 죽음을 각오하고 우리를 변명하여 줄 것이다. 그러나 만일 국가에 관계 되는 일이라면 알 수 없을 것이다."하였다. 공의 음모가 더욱 드러나자, 태종은 잔치를 베풀어 공을 초청하였다. 노래를 지어 술을 권하기를, "이런들 어떠하며, 저런들 어떠하리. 성황당 뒷담이 무너진들 또 어떠리. 혹은 '만수산 드렁칡이 얽어진들 또 어떠리'로 되어 있다. 우리도 이와같이 하여 안 죽으면 또 어떠리."하고 읊으니, 공도 이에 노래를 지어 술잔을 보내면서 읊기를, "이 몸이 죽고 죽어 일백 번 고쳐 죽어, 백골이 진토 되어 넋이라도 있고 없고, 임 향한 일편단심이야 가실 줄이 있으랴."하였다. 태종이 공의 뜻이 변할 수 없음을 알고 드디어 제거하기로 결심하였다.

 하루는 공이 태조에게 문병을 핑계로 기색을 살펴보고 돌아가는 길에 전에 자주 가던 술친구의 집을 지나가게 되었다. 주인은 밖에 나가고 집에 없었으며, 뜰에 꽃이 활짝 피어 있었다. 공은 드디어 뜰 안으로 바로 들어가 술을 청하여 꽃 사이에서 춤을 추면서 말하기를, "오늘 풍색이 매우 사납구나, 매우 사납구나."하고, 큰 대접으로 연거푸 몇 잔의 술을 마시고는 나왔다. 그 집 사람이 괴이쩍게 여겼더니, 얼마 있다가 정시중이 해를 입었다는 말을 들었다.

 공이 태조의 집으로부터 돌아올 때에 활을 메고 그 앞을 가로질러 가는 무부武夫가 있었다. 공은 수행하는 녹사에게 말하기를, "너는 뒤에 떨어지거라."하였다. 녹사가 대답하기를, "소인은 대감을 따르겠습니다. 어찌 다른 데로 가겠습니까."하고, 재삼 따라오지 말라고 말렸으나 듣지 않았다. 가다가 선죽교에 이르러 화를 입었는데, 두 사람이 서로 껴안고 함께 죽었다.

 당시 창졸간에 당한 일이라 그 수행 녹사의 성명을 기억한 사람이 없어서 드디어 후세에 전하지 못하였다.

高麗守節諸臣 / 鄭夢周

初公最被我聖朝所知 屢辟幕下威化回軍之後 同陞爲相 公與金震陽諸公亡身殉國 欲扶社稷時 上功業日盛 群下歸心 歲難終於北面 公潛謀傾之 太宗嘗告於上曰 鄭夢周豈負我家 上曰 我遘橫讒 夢周必以死 明我 若係于國家 有不可知 及公之謀益彰著 太宗設宴 請之作歌 侑之曰 如此亦何如 如彼亦何如 城隍堂後垣 頹廢亦何如(一作萬壽山原頭葛藟縈綴亦何如) 我輩若此 爲不死亦何如 公遂作歌送酒曰 此身死了死了 一百番更死了 白骨爲塵土 魂魄有也無也 向主一片丹心 寧有改理也歟 太宗知其不變 遂議除之 文忠一日問病於太祖邸 因察氣色歸 過故酒徒家 主人出外 階花盛開 遂經入呼酒舞於花間曰 今日風色甚惡甚惡 連嚼數大椀而出 其家人怪之 俄聞鄭侍中遇害矣 文忠之自太祖邸歸也 有橐鞬武夫 衝其前導而過 文忠顧謂隨行錄事曰 汝可落後 答曰 小的從大相 何可他往乎 再三呵止 亦不從 文忠之遇害 抱持同死 當時倉卒 無人記其姓名 遂不傳於後世

李肯翊, 『燃藜室記述』 卷一, 太祖朝 故事本末

백사가

성해응成海應*

정포은 선생이 고려 말에 하늘 뜻과 인심이 이미 태조에게 돌아갔음을 알고 몰래 가서 살폈다. 태종이 '피차지가彼此之歌'를 술자리에서 노래하니 포은은 백사가로써 화답하였다. 태종이 그 뜻을 알고 마침내 조영규를 보내어 선죽교에서 격살하게 하였다.

"만수산 남북으로 얼기설기 칡이 생겼는데
나는 이 칡처럼 줄기와 잎이 뒤엉켜서
이로 말미암아 영화를 누리던 말던 백년을 살리라"

"이몸이 죽고 또 죽어 죽어서 다시 백번 죽어서도
혼백이 다 사라져 없어져서 백골을 진토에 맡기더라도
임을 향한 일편단심이 어찌 고칠 수 있겠는가."

* 성해응成海應(1760~1839): 조선 후기의 학자·문신. 자는 용여龍汝, 호는 연경재硏經齋이다.

"강남의 꽃을 가서 보기를 원하지 않으며,
단지 성황당의 붙들어 보존할 뿐이며
후원 담장의 담이 무너져도 붙들 수 없네"

선죽교 위의 일이 매우 마음 아프다.

百死歌

　鄭圃隱先生當麗季 知天意人心 已歸我太祖 潛往察之 太宗以彼此之歌 歌于酒席 圃隱以百死之歌和之 太宗知其意 卒遣趙英珪椎殺之善竹橋上
　萬壽山南北 綿綿葛之生 吾願如此葛 莖葉榮復榮 由玆度百年。得不尊且榮
　吾身死復死 死了至百死 魂魄漸滅盡 白骨塵土委 向主一片丹 寧或有改理
　不願去看江南花 只願扶得城隍堂 後墻墻頹扶不得 善竹橋上事堪傷

成海應, 『研經齋全集』 卷之一, 雜詩, a_273_014b

014

선죽교시

이유원李裕元[*]

영종 경신년(1740, 영조 16)에 어가가 송도로 가다가 선죽교를 지나게 되었는데, 다리에 다다르자 어가를 멈춤으로써 어진 이를 공경하는 뜻을 보였다. 그리고 어제시御製詩 및 소지小識를 내려 다리 옆에 비를 세우고 비각을 건립하도록 명하였다. 또 대제학 오원吳瑗에게 명하여 그 비의 음기陰記를 짓도록 하였다. 그 시에, "도덕과 정충 만고에 뻗치리니, 태산 같은 높은 절개 포은공이로다." 하였다.

---

[*] 이유원李裕元(1814~1888): 조선 말기의 문신. 자는 굉보宏甫, 흠부欽夫, 호는 귤산橘山 냉천冷泉이다.

善竹橋詩

　英宗庚申駕行松都, 過善竹橋, 臨橋止金, 以示敬賢之意, 下御製詩及小識, 命竪碑建閣又橋傍, 又命大提學吳瑗, 記其碑陰, 其詩曰, 道德精忠亘萬古　泰山高節圃隱公

李裕元, 『林下筆記』卷十七, 文獻指掌編

015

포은의 녹사

이유원李裕元

　고려 시중 포은 선생 문충공 정몽주가 죽던 날에, 공의 녹사도 공과 함께 해를 당하였다. 지금 선죽교에 녹사비가 있는데, 속칭 읍비泣碑라고 하며 그 일을 기록하고 있다. 그러나 사서에 이름이 전하지 않고 비석에서도 고증할 수 없으니, 이것이 천고의 한이 되는 것이다. 근래에 숭양 사람이 고가의 부서진 농에서 좀먹은 서책 한 권과 『진도김씨세보』를 발견하였는데, 가정 계미년(1523, 중종 18)에 간행한 것이었다. 그 족보에 경조慶祚라는 이름이 나오고, 관직은 녹사인데 정 문충공을 수행하였다가 해를 당하였다고 하였다. 기사 내용이 매우 자세하였다. 그의 아버지는 김구주金九周이며 공민왕조의 시중이었다고 하였다. 숭양의 인사들이 모두 그 족보의 내용을 덕행을 기록한 사료라고 여기고, 드디어 옛날 비 옆에 비 하나를 세워 주었다.

圃隱錄事

 高麗侍中 圃隱先生 鄭文忠公夢周 成仁之日 公之錄事 同公遇害 今善竹橋錄事碑 俗稱泣碑 記其事 然史失名 碑亦不徵 爲千古可恨 近래 崧陽人 從故家敗籠 發一橐簡 及珍島金氏世譜 嘉靖癸未 開雕者 譜有名曰 慶祚 官錄事 從鄭文忠公遇害 書之甚悉 其父曰 九周 恭愍朝侍中也 崧之人士 咸以譜爲惇史 遂立一碑于舊碑傍

李裕元, 『林下筆記』卷三十一, 旬一編

선죽교의 혈흔

박사호朴思浩[*]

송경은 옛 도읍지이다. 만월대에 올라 석초石礎와 다리 난간을 보니, 황폐한 연기와 들풀 사이에 깔려 있었다. 거의 모두 오백년이 된 것이다. 선죽교 위의 핏자국이 돌에 스몄는데, 정포은의 정충精忠과 대절大節을 아직도 사람으로 하여금 천년 세월 뒤에도 공경심을 일게 한다.

善竹橋上血痕[**]

松京 故都也 登滿月坮 見石礎橋欄 狼藉於荒烟野草之間 儘是五百年氣數所致 而善竹橋上血痕沁石 鄭圃隱精忠大節 尙令人起敬於千載之下矣

朴思浩, 『心田稿』 卷之一, 戊子 十月

[*] 박사호朴思浩: 조선 후기 순조 때 문인. 호는 심전心田, 본관은 경주이다.
[**] 원문에는 제목이 없는데 필자가 임의로 제명한 것이다.

3부

포은과 선죽교

001

포은선생의 생애와 자취

　포은 정몽주는 영일정씨로 고려 의종 때 추밀원지주사 지낸 정습명鄭襲明의 11세손이다. 정습명은 인종이 중히 여겼고, 의종에게는 그에게 의지할 것을 권고했을 정도로 신임이 두터웠다. 그러나 의종은 잘못된 일을 거리낌 없이 말하는 그를 경계하였다. 그가 이로 말미암아 약을 마시고 죽었다는 소식을 듣고 결국 후회하였다고 한다.
　포은의 가문은 지방에서 거주하던 사족이었을 것으로 짐작된다. 정습명 이전의 영일정씨 인물 가운데 『고려사』등의 자료에 뚜렷한 행적을 남긴 인물을 찾아 볼 수 없다. 조부 유裕가 직장동정直長同正을, 부친 운관云瓘이 성균관 복응재생服膺齋生이었다는 점으로 미루어 재지사족으로서의 위치는 고려 말까지 지속되었을 것으로 생각된다.
　포은은 1337년(충숙왕 복위 6) 12월 12일에 영천군 치소 동쪽에 있는 우항리愚巷里 외가에서 출생하였다. 처음 이름은 몽란夢蘭이다. 포은은 태어나면서부터 범상하지 않았다. 어깨에 검은 점 7개가 북두칠성의 모양으로 있어 훗날 크게 된 인물이라고 여겨졌다. 9세 되던 해에 영천이씨가 낮잠을 자다가 검은 용이 뜰 가운데 있는 배나무에 기어오르는 꿈을 꾸고 놀라

깨어보니, 포은선생이 배나무를 기어오르며 놀고 있었다. 이로 인하여 이름을 다시 몽룡夢龍이라 고쳤다. 널리 알려진 이름 몽주夢周는 관례를 행하고 나서 바꾼 이름이다.

〈연보고이〉에 의하면, 영일정씨는 지주사 정습명 때부터 대대로 오천에서 살았는데 중간에 영천으로 옮겼다. 포은이 영천에 이거한 시기는 알 수 없다. 다만, 송도의 선비가 전송한 것을 수록하였다는 〈상사곡相思曲〉의 주석에서 9세 때 외삼촌 이경지李敬之 참판댁에 머물러 있었다는 사실을 확인할 수 있다.

포은은 〈저성역야우諸城驛夜雨〉 시에서 "영천과 오천은 경계를 잇대었는데 모두 내 고향이다." 하였다. 영천을 고향이라고 인식할 정도로 짧지 않은 기간 동안 거주하였음을 짐작할 수 있다. 포은이 영천 친구들에게 보낸 시작품에서도 그같은 시사를 받는다.

포은의 주요 활동상은 포은선생의 생애는 고려 말엽 그가 역임했던 관직을 중심으로 크게 세 시기로 나누어 살필 수 있다. 성균관에서의 활동기(공민왕대)·외교관으로서의 활동기(우·창왕대)·이성계와의 반목기(공양왕대)가 그것이다. 특히, 공양왕 때는 이색을 중심으로 하는 수성파와 결별하면서 고려 사직의 보존을 위해 절치부심하던 시기이다.

1. 성균관에서의 활동기

과거시험에서 장원 급제

포은선생은 부친상을 마치고, 1357년(공민왕 6) 어사대부 신군평申君平이 주관한 국자감시에서 급제하였다. 그리고 1360년(공민왕 9)에는 지공거 정당문학 김득배金得培와 동지공거 추밀원학사 한방신韓方信이 주관했던 과거에서 3장을 모두 장원으로 급제하였다. 이때 모두 33명이 급제하였다.[1]

포은선생은 과거의 3장에서 연이어 장원했음에도 불구하고, 관료로서의 출발은 그다지 순탄하지 못했다. 먼저 과거에 급제한 이듬해인 1361년에 홍건적의 침입으로 왕이 복주福州로 남천하는 국난에서 원인을 찾을 수 있다. 『고려사』 「열전」과 『포은선생집』 「연보고이」 등에는 그가 처음 관직을 보임 받은 시기를 1362년 3월 예문검열로 기록하고 있다. 이민족의 침구로 왕이 피난을 하지 않을 수 없었던 고려 조정의 사정을 감안할 때, 과거 등제 직후 관직을 제수하지 못한 사정은 충분히 이해할 만하다. 일반적인 관례로 보아 포은선생은 과거 급제와 동시에 관직을 배수한 것으로 생각된다. 공민왕이 복주로 파천하였을 당시 그가 시종신侍從臣으로 참여하고 있음을 〈송이수재취부안동서기送李秀才就赴安東書記〉라는 시에서 확인할 수 있다.[2] 물론 과거에 장원한 예비 관료의 성격으로 공민왕을 호종했을 경우도 상정할 수 있지만, 급제와 동시에 초직初職을 제수 받았을 가능성이 높다.[3]

의리에 따른 좌주 김득배金得培의 장례

홍건적의 침구가 끝나자마자 포은선생의 좌주座主로 절대적 후원자였던 김득배金得培가 친원 세력과 결탁하여 공민왕을 시해하려고 하였다는 김용金鏞의 무고로 죽임을 당하였다. 이 사건은 포은선생에게도 커다란 충격이었으며, 그의 관직생활은 곤경에 처하게 된다. 따라서 좌주↔문생門生이라는 특수한 관계를 통한 관료로서의 진출과 정치 진로의 모색은 출발부터 벽에 부딪치게 되었다. 그럼에도 불구하고 그는 김득배의 시신을 거두어 장례함으로써 역적 김득배와 자신의 관계를 부정하지 않는 의리를 보여 주었다.

포은선생은 〈제김득배문祭金得培文〉에서 좌주 김득배가 역적으로 몰려 죽임을 당한 것은 하늘의 올바른 이치에서 비롯된 것이 아님을 분명하게

---

1 『고려사』권73, 지27, 선거1, 과목1, 선장, 공민왕 9년 참조.
2 『포은선생집』권2, 「送李秀才就赴安東書記(五絶)」 "(一) 先王昔日忽南巡 也忝行宮侍從臣 去歲映湖樓下過 仰瞻宸翰涕沾巾".
3 신천식, 「정몽주의 학문과 교육사상」, 『고려후기 성리학의 수용과 교육사상』, 명지대 출판부, 1998, 175쪽.

하고, 비록 죄가 있다고 하더라고 나라에 세운 공으로 덮어주어야 하거늘 그렇게 하지 못하는 당시 상황에 안타까워하고 있다. 아무도 거들떠보지 않는 김득배의 시신을 거둔 것은 천추만세하도록 구천의 바닥에서 음혈할 충혼과 장백을 위한 것이었다.[4] 이 같은 포은선생의 태도는 성리학을 바탕으로 하는 의리론을 엿볼 수 있는 대목이다. 두 번째 좌주인 한방신韓方信 역시 1374년(공민왕 23) 공민왕의 피살에 연루된 아들 한안韓安의 죄에 연좌되어 유배되었다가 1376년(우왕 2) 죽음을 당한다.[5] 좌주 2명 모두가 역적 또는 그와 관련하여 죽임을 당하였다. 이 같은 사실은 포은선생의 정치적 진로에 장애 요소로 작용하였을 것임이 분명하다.

1362년 예문검열을 제수한 이듬해 포은선생은 두 번째 좌주인 한방신이 동북면도지휘사로 여진 정벌에 나서자 종사관으로 출정하여 여진의 삼선三善·삼개三介를 토벌하기도 하였다. 이 시기 고려는 충정왕 때부터 계속된 왜구의 침구와 1359년·1361년 2차례에 걸친 홍건적의 침입 등 이민족의 침탈로 인해 사회적 혼란이 가중되고 있었다. 이때 포은선생은 1364년 화주和州에서 병마사로 함께 참가한 이성계와 처음으로 만나게 되었다. 그리고, 전쟁으로 인한 백성들의 곤경을 직접 목도하였다. 이 당시의 경험은 후일 성균관 학관으로 공민왕의 개혁정치에 몸담아 활동하는데 적지 않은 영향을 끼쳤을 것으로 생각된다.

여진 정벌 이후에는 수찬을 배수하고, 합문지후·전농시승 등을 역임하였다. 1365년(공민왕 14)에는 모친상을 당하였다. 당시 사대부들이 모두 백일이면 길복吉服을 입었으나, 포은선생은 예제禮制에 흐트러짐이 없었다. 부모의 상을 모두 친묘親墓하며 애례哀禮함이 지극하여 조정에서는 이를 귀감으로 삼고자 정려旌閭를 하사하였다. 상을 마친 후 선생에게 통직랑과 전공정랑을 제수하였으나 모두 나가지 않았다.

---

[4] 이것은 다음 시에서도 엿볼 수 있다. "自是書生合討文 酒何魔羽將三軍 忠魂壯魄今安在 回首靑山空白雲"(『圃隱先生集』卷二,「祭金元帥(得培)」.

[5] 『고려사절요』 권30, 우왕 2년 12월 참조.

성균관 학관으로의 개혁 활동

이 무렵 공민왕은 성리학을 중심으로 고려사회의 개혁을 위한 기반을 마련하였다. 성균관을 중수하고 이색을 겸대사성에 임명하는 한편, 경학에 뛰어난 사대부를 등용하여 교육을 담당하도록 하였다. 포은선생 역시 1367년(공민왕 16) 예조정랑으로 성균박사를 겸하면서 여기에 참여하였다. 이듬해에는 봉선대부 성균사예에 올랐고, 1371년에는 태상소경으로 옮겼다가 중정대부 성균사성을 배수하였다. 1372년(공민왕 21)에는 지밀직사사 홍사범의 서장관으로 명나라에 가서 고려 자제들의 입학을 요청하였다. 이듬해 귀국하여 성균관대사성을 배수하였다. 1374년에는 잠시 경상도안렴사로 외직을 맡기도 하였다.

포은선생은 입사 초기 여진 토벌을 종군하거나 공민왕 말년에는 외직을 역임한 바 있지만, 공민왕대의 주요 활동은 성균관을 중심으로 이루어졌다. 1362년 예문검열을 제수하고, 5년 후 이색의 천거로 예조정랑으로 성균박사를 겸하면서 공민왕 재위 기간에는 성균관을 떠나지 않았다. 이 시기 개혁의 중심을 성균관을 통한 교육에서 찾으려는 공민왕의 의지가 반영되어 있는 것이다. 포은선생은 학관의 자격으로 성균관에 참여하면서 정치적 진로를 다져나가는 한편, 함께 참여한 김구용金九容·박상충朴尚衷·박의중朴宜中·이숭인李崇仁 등을 만나면서 성리학의 학문적 토대를 마련하였다. 종국으로 치닫고 있던 고려 왕조의 운명을 유지하려는 정치적 동지로서의 교유도 모색하게 되었다. 이때 이들의 결합은 이후 정치 세력화할 수 있는 기반을 마련해준 셈이다.[6]

포은선생은 성리학에 대한 깊은 이해를 바탕으로 고려사회의 학풍을 진작시키고자 하였다. 구체적으로, 사서오경을 토대로 성균관을 구재학규九齋學規 체제로 개편하여 유생들에게 유학자로서의 자질을 함양시키는 한편, 성리학의 보급에 힘썼다. 물론 포은선생이 성균관에 학관으로 참여

---

6   도현철, 「사대부의 성장과 분기」, 『고려말 사대부의 정치사상연구』, 일조각, 1999 참조.

한 것은 이색이 중심이 되어 진행된 1367년(공민왕 16)의 교육개혁과 밀접한 관련을 가지고 있다. 개인적 입장에서는 학자로서의 입장을 공고히 하는 한편, 향후 공양왕 때 고려 사직을 둘러싼 이성계와의 대치 정국을 주도할 수 있는 정치적 기반을 형성할 수 있게 하였다. 성균관에서의 활동으로 7품직에 불과했던 성균박사에서 4년만인 1371년에 종3품직인 성균사성으로 승차하였다는 사실은 성균관에서의 역할을 추측할 수 있게 한다.[7]

　포은선생의 성균관에서의 활동은 공민왕대에 그치는 것이 아니다. 포은선생은 1375년(우왕 1) 다시 성균관대사성을 보임하였다. 공양왕 즉위후에도 성균대사성成均大司成을 겸하기도 한다. 그러나, 성균관을 중심으로 이루어지던 개혁의 움직임은 공민왕의 피살과 함께 중단되었다. 우왕 즉위후 이인임李仁任으로 대표되는 친원세력들이 친명정책을 선회하여 북원北元의 사신을 맞이하려 하였다. 이에 성균관을 중심으로 활동하던 박상충·김구용 등은 부당함을 극간하였다. 그러나 그들의 뜻은 받아들여지지 못하고, 오히려 대부분 유배되었다. 포은선생 역시 이때 언양彦陽으로 유배되었다.

2. 외교관으로서의 활동기

　우왕·창왕 때 포은선생의 활동은 외교관으로서의 대외활동에서 뚜렷하게 나타난다. 포은선생은 대외관계를 둘러싼 이인임 세력과의 갈등으로 언양에 유배된 지 2년만인 1377년 소환된다. 그리고 전대사성의 자격으로 일본에 사신으로 가게 되면서 외교적 능력이 발휘된다. 그리고, 공민왕 말년부터 몇 차례 일본과 명나라에 사신으로 왕래하면서 많은 공적을 세우게 된다. 먼저 외교관으로서의 행적을 정리하면 〈표 1〉과 같다.

---

[7]　신천식, 앞의 논문 참조.

〈표 1〉 포은선생 사신 파견 시기와 내용

시기	대상	내용
1372.3~1373.7	명(明)	자제의 입학을 요청, 서장관 자격
1377.9~1378.7	일본	왜구의 침구 방지와 교린(交隣)의 뜻 전달
1382.4	명(明)	진공사(進貢使), 명의 거절로 돌아옴
1382.11	명(明)	청시사(請諡使), 명의 거절로 돌아옴
1384.4~1385.4	명(明)	성절사(聖節使), 서장관 정도전과 동행
1386.2~7	명(明)	관복(官服) 요청, 세공(歲貢) 면제
1387.12~1388.1	명(明)	조빙사(朝聘使), 명의 거절로 돌아옴

서장관으로서 명나라 사행

포은선생이 처음 외교사절로 파견된 시기는 명이 촉蜀을 평정한 것을 하례하기 위한 1372년(공민왕 21)이다. 이때 포은선생은 지밀직사사 홍사범洪師範의 서장관으로 파견되었다.[8] 돌아오는 길에 허산許山에서 풍랑을 만나 배를 잃고 표류하다가 겨우 암도巖島에 이르렀다. 이 과정에서 홍사범을 비롯하여 대부분은 익사하고, 포은선생 역시 죽을 뻔하였으나, 다래 껍질을 베어먹으며 13일을 버티다 겨우 명나라에서 보낸 구조선의 도움으로 구출되어 귀환할 수 있었다.

이 같은 모진 곤경 속에 이루어진 첫 번째 남경으로의 사행은 선진 문물을 직접 경험하고, 이를 바탕으로 학문적인 이해의 폭도 넓히는데 큰 도움을 주었을 것으로 생각된다. 특히 이때의 사행에서 고려의 자제를 태학에 입학시켜줄 것을 요청하였음은 성리학에 기초한 교육을 토대로 사회 개혁을 추진하려는 의지를 읽을 수 있는 부분이다. 그리고 중원의 새로운 강자로 떠오른 명나라의 존재를 분명하게 인식할 계기도 되었다.

---

8 『고려사절요』 권29, 공민왕 21년 3월 및 『포은선생집』 권3, 부록, 「행장」 참조.

1375년(우왕 1) 우사의대부를 제배하였다가 성균대사성으로 옮겼다. 이 때 김의金義가 명나라 사신을 죽이고 북원으로 도망하는 사건이 발생한다. 이에 조정에서는 두려워하여 공민왕의 죽음을 명나라에 알리지도 못하고 전전긍긍하고 있었다. 하지만 포은선생은 백성들에게 화가 미치기 전에 공민왕의 죽음과 김의의 사건을 해명하는 사신을 보낼 것을 건의하여 명나라의 의혹을 풀도록 하였다. 아울러 명과의 관계를 지속할 것을 청하였다. 이 같은 사실은 포은선생의 대외관을 충분히 시사한다.

일본 사행과 패가대霸家臺와의 담판

우왕 즉위와 함께 이인임李仁任과 지윤池奫 등은 친원 외교로 회귀하여 북원의 사신을 맞이하려고 하였다. 이에 포은선생은 천하가 이미 명에게 돌아갔는데, 명을 버리고 원을 취하면 북방의 작은 적을 늦추려다가 오히려 명의 침입을 받아 백성을 곤경에 처하게 할 수 있음을 이유로 친원 외교에 반대하며 명과의 관계 회복을 건의하였다가 이들에 의해 언양으로 유배되기도 하였다.

이후 포은선생이 사신의 자격으로 외교관의 임무를 수행하는 것은 1377년(우왕 3)이다. 이 시기 고려는 왜구의 침입과 약탈로 사회적 혼란이 가중되고 있었지만, 이들을 퇴치할 효과적인 방법이 마땅하지 않았다. 단지 왜구들이 출몰하는 곳에 군사를 파견하여 전투를 벌인다거나, 출몰이 예상되는 지역에서 경계를 강화하거나, 축성하는 것이 최선의 대비책이었다. 물론 외교적인 노력도 없었던 것은 아니다. 1376년에는 나흥유羅興儒를 큐슈의 패가대霸家臺에게 보내 화친할 것으로 회유하였다. 이듬해에는 안길상安吉祥을 파견하여 왜구의 침구를 금지해 줄 것을 요청하였다. 그러나 별반 효과를 보지 못했다. 오히려 나흥유를 비롯하여 주장主將들이 체포되어 굶어 죽을 지경에 이르렀다가 겨우 생환되었다.

이런 와중에서 패가대는 고려에 통교를 요청하고, 고려 정부는 모두가 두려워했던 일본 사행을 포은선생에게 맡기게 된다. 여기에는 이인임 등 당시 친원 세력들이 위험천만한 것으로 여겨지던 일본으로의 사신 파견을 정몽주에게 강요함으로써 곤경에 처하게 하려는 의도도 내포되어 있었다. 모든 사람들이 위태롭게 여겨 주저하였지만, 포은선생은 거리낌 없이 사신으로 가서 예전에 교린 했던 제반의 이해 관계로 패가대를 설득시켜 일본 사행을 성공적으로 완수하였다. 특히 포로로 붙잡혀 있던 고려의 양가 자제들이 노예로 전락하였음을 보고 재상들에게 사재를 내도록 함과 동시에 글로서 적의 괴수를 설득하여 돌아올 때는 윤명尹明·안우세安遇世 등 수 백명을 동반하여 귀환하였다. 삼도三島의 침략도 금지시켜 왜인들의 칭송도 들었다. 이에 그의 문장에 감복하여 시를 청하는 왜승倭僧이 있는가 하면, 훗날 그의 죽음을 듣고는 탄식하거나 재승齋僧하며 복을 비는 사람까지 있었다고 한다. 일본 사행에서 귀환후 우산기상시를 제배하였고, 전공·예의·전법·판도판서를 역임하였다. 또 1380년(우왕 6)에는 운봉에 들어온 왜구를 정벌하기 위해 이성계를 종군하였으며, 돌아와서는 밀직제학을 거쳐 이듬해 첨서사사를 배수하였다.

5차례에 걸친 명나라 사행

고려말에 성리학을 수용한 사대부들이 표방하던 외교노선은 친명을 지속하는 입장에 있었다. 이것은 그들의 화이론적 천하관에 근거한다. 포은선생 역시 중화中華를 천하의 중심으로 설정하고, 주변에 이夷가 존재한다는 인식을 바탕으로 중화에 사대하고 있음을 살필 수 있다. 특히 고려는 바다를 경계로 중화와 구별되는 동이東夷로 인식하고 있다.[9] 〈몽사조복행하례蒙賜朝服行賀禮〉라는 시에서 그 일면을 살필 수 있다.[10]

---

[9] "登州望遼野 邈矣天一涯 溟渤限其間 地分夷與華…" 및 「入京」 "江南形勝地 千古石頭城 綠水環金闕 青山繞玉京 一人中建極 萬國此朝正 我亦乘查至 宛如天上行"(〈三月二十九日過海宿登州公館郭通事金押馬船阻風未至因留待〉『포은선생집』권1).

[10] 다음의 시 역시 이런 점에서 참고할 수 있다. 『포은선생집』권2, 「송주전부탁환조送周典簿偉還朝」 "大明聲敎曁東溟 藩國年年貢帝庭 天子遠頒新寵典 使臣來續舊圖經 鷄林樹葉心同赤 龍首山光眼共青 夷夏卽今歸混一 臨分不用涕頻零".

上國崇文治	상국에서 문치를 숭상하니
藩邦賀太平	번방에서는 태평을 하례하노라
聖恩榮賤介	성은이 미천한 내게까지 미쳐
朝服拜明庭	조복으로 명정을 배례하였네
日照添袍色	햇빛은 두루마기 빛깔을 더하고
風淸送佩聲	청풍은 패옥 소리를 보내니
小臣何以報	소신이 어찌 갚을 수 있겠나
億載祝皇齡	억만년 황제를 축수할 뿐이네

이 같은 천하관은 중화의 개체가 고정·불변하는 것이 아니라 중원을 차지하는 존재에 따라 바뀔 수 있다는 것이다. 특히 여진지도를 보고 지은 시작품에서 완안부完顏部가 성장한 여진족이 요遼와 송宋을 멸망시키고 금金을 건국한 사실을 한漢과 당唐의 건국에 비유하고 있음은[11] 포은선생이 지니고 있던 화이론적 천하관의 본질을 이해하는데 참고가 된다.[12]

포은선생은 일본 사행 이후 5차례에 걸쳐 명나라 사행하였다. 하지만 이중 3차례는 명나라가 요동에서 출입을 허가하지 않아 도중에서 돌아왔다. 2차례는 사신으로서의 임무를 다하였다. 그중 한 차례가 정당문학으로 성절사로 파견된 1384년(우왕 10)의 사행이다. 이때는 명나라가 고려에 출병하기 위해 세공을 증액하는 한편, 5년간의 세공이 당초의 약속과 다르다고 트집하며 고려의 사신인 홍상재洪尙載·김보생金寶生·이자용李子庸 등을 유배하여 양국의 관계가 매우 어려운 때였다. 따라서 대부분의 신료들은 명나라에 사신으로 가기를 꺼려하였다. 명나라 황제까지 이 같은 사정을 자세하게 알고 있었다. 그러나 포은선생은 정도전을 서장관으로 대

---

11 "曾聞弩矢貢明堂 肅愼遺民此一方 雪立白山南走遠 天連黑水北流長 完顏偉量吞遼宋 大定豊功逼漢唐 坐對地圖還嘆息 古來豪傑起窮荒"(〈女眞地圖〉)『포은선생집』권2).
12 유경아는 이를 형세론적形勢論的 도통론道統論으로 설명하고 있고(『정몽주의 정치활동 연구』, 53~55쪽), 도현철은 형세·문화론적 화이관으로 파악하고 있다(『고려말 사대부의 정치사상연구』, 102~119쪽).

동하여 긴장 상태를 유지하던 양국의 관계를 회복시키는데 큰 기여를 하고, 홍상재 등 억류되어 있었던 사신들까지 석방시켜 귀환하였다. 이때 우왕은 명나라와의 관계에서 포은선생의 역할을 중요하게 여겼다. 포은선생 또한 우왕의 그 같은 입장에 긍정적이었던 것으로 생각된다. 이 같은 사실은 이듬해 집에서 우왕과 최영·이색·조민수 등이 잔치를 베풀고 있음에서 어느 정도 짐작할 수 있다.

또 한 차례의 명나라 사행은 1386년에 있었다. 포은선생은 다시 명나라에 사신으로 가서 이제까지 5년간 미납된 세공은 물론, 명에서 늘려 정한 세공의 액수를 면제해줄 것을 요청하여 그 뜻을 관철시켰다. 우왕은 이 같은 공로를 인정하여 의대衣帶와 안마鞍馬를 내려주고 문하평리를 제배하였다.

곤궁한 백성을 위한 문신의 직분

당시 명이나 일본으로의 사행은 목숨까지도 담보해야 하는 어려운 임무였다. 명나라에 갔던 몇몇 사신들이 구류되어 생사를 알 수 없는 상황에서 대부분은 사신의 임무를 꺼리고 있었다.[13] 1382년(우왕 8) 포은선생과 함께 명에 사신으로 가기로 되어 있던 지문하사 안경安慶이 염흥방廉興方에게 뇌물을 주고 전문하평리 홍상재洪尙載로 대신하게 하였다는 사실은[14] 이런 점에서 참고할 수 있다. 1384년 정도전과 함께 다녀왔던 사행은 밀직부사 진평중陳平仲을 대신해서 간 것이었다. 명에 사신으로 가기를 꺼리던 진평중이 임견미林堅味에게 뇌물로 노비 수십 여명을 주고 병으로 사퇴하여 임견미가 포은선생으로 하여금 대신하도록 함으로써 이루어진 사행이었다. 포은선생도 사행 중에 몇 차례 죽을 고비를 넘겼다. 특히 1384년의 사행에 앞서 우왕이 포은선생을 불러들여 의중을 묻고 있음은 이 당시의 급박했던 양국 관계를 짐작할 수 있다.

---

13 『삼봉집』 권 3, 「상공양왕소上恭讓王疏」 참조.
14 『고려사』 권126, 열전 39, 염흥방 참조.

이 같은 상황에서 사신으로 파견된다는 사실은 난감하지 않을 수 없다. 물론 일본의 사신 파견에 대해 "남들이 모두 위태롭게 여겼으나 조금도 어렵게 여기는 빛이 없었다"고 하여 그의 남다른 의지를 표현하고 있는 대목도 있지만, 〈갑진중추유회甲辰中秋有懷〉,[15] 〈단주성端州城〉[16] 같은 시작품에서 사신으로서의 고충을 읽을 수 있다.

功名富貴非汝事	공명과 부귀는 너의 일 아닐텐데
客路年年有底期	해마다 나그네 길 무슨 기약 있겠는가
明年何處逢明月	내년 어느 곳에서 밝은 달 볼 것인가
獨坐南凶自詠詩	홀로 남쪽 하늘 바라보며 시를 읊조리네

久客嗟吾道	슬프다! 오랜 나그네와 같은 나의 길이여
經年尙未休	해를 넘겨서도 오히려 쉬지를 못하네
春風遼左路	봄바람이 불 때 요좌의 도로에 있고
秋雨海東頭	가을비가 내릴 때 해동에 들어섰네

위의 시들은 한결같이 계속되는 이국 땅에서의 어려움을 읊고 있다. 사신으로서 오랜 기간동안 객지에서의 여정은 쉽지 않았다. 특히 민감한 외교적 현안을 해결해야 하는 중압감은 그 길을 더욱 힘들게 했을 것이다. 더욱이 일본과 명나라의 사행은 대부분 권신들이 포은선생을 곤경에 처하게 하려는 목적도 없지 않았다.

그러나 친원 세력이 권력을 장악하고 있는 상황에서 사신으로서의 임무는 포은선생에게 나름대로의 돌파구를 마련해 주었다. 특히 "말이 명백하고 정대하여 막히는 기운이 없었다"거나[17] "학문은 고금을 통하고 기질

---

15 『포은선생집』 권2.
16 『포은선생집』 권2.
17 『삼봉집』 권3, 「포은봉사고서圃隱奉使藁序」 참조.

이 순후하면서도 방정하며 언어가 따뜻하고 능변이 있다"[18]고 하는 정도전과 이숭인의 평가는 포은선생이 지닌 외교관으로서의 자질을 가늠하기에 충분하다. 몇 차례의 사행은 포은선생에게 정치적 기반을 마련해주었다는 점에서 의미가 크다. 특히 정도전이 포은선생의 사행에 대해 "명나라가 들어선 후 세 번이나 경사로 출사함에 그 소견이 더욱 넓어지고 생각이 더욱 깊어 졌으며, 계책이 더욱 고원하였다"고 평가하고 있다.[19]

포은선생의 사신으로서의 활동은 무력에 의한 해결보다는 타협과 협상을 위주로 하는 외교적인 측면을 중시하는 방향에서 이루어졌다. 이는 홍건적·왜구·여진 등의 침입으로 몇 차례 전쟁에 종군하면서 목도한 백성들의 곤궁한 처지를 절감한 경험을 바탕으로 한 것이다. 이것은 또한 서생으로서의 본분을 충실하게 지키는 것이기도 했다.

포은선생은 일찍이 한방신을 따라 종군하기도 하였다. 1380년(우왕 6)과 1383년에는 이성계를 따라 운봉 등에서 왜구와 전투를 벌였다. 그리고 종군의 경험은 백성의 고단한 삶에 대해 고민하게 했으며, 이를 타개할 수 있는 현실적인 방법을 모색하도록 하였다. 이런 점에서 사행에 대한 적극적인 태도는 그것이 백성의 삶과 직결되어 있다는 점을 그가 충분히 인식하고 있었음을 시사한다. 다음 시 〈요하조운遼河漕運〉[20]에서 그 일면을 살필 수 있다.

年年遼水上	매년 요수 위에서
粳稻自東吳	메벼는 동쪽 오로부터 온다네
萬里連烽燧	봉수는 만리에 걸쳐 연이어 있고
千帆接舳艫	수많은 배들은 머리와 꼬리를 잇닿아 있네
主憂因遠略	임금은 먼 곳의 경략을 근심하고

---

18 『포은선생집』 권3, 부록, 「송정달가봉사일본시서送鄭達可奉使日本詩序」 참조.
19 『삼봉집』 권3, 「포은봉사고서圃隱奉使藁序」 참조.
20 『포은선생집』 권1.

師飽只相娛	군사들은 배부름만을 서로 즐긴다네
安得增屯種	어찌 둔전의 경작을 늘려
於焉足所需	수요를 충족하게 할 것인가

이 시에는 전쟁의 와중에서 백성들의 곤궁함에 대한 심회가 잘 드러나 있다. 전쟁 비용에 대한 수요가 백성들의 몫임은 당연하다. 포은선생은 문신이었다. 전쟁에 종군하는 것은 자신의 직분에서 벗어나는 것이지만, 결국 책임에서 헤어날 수는 없었다.[21] 문신으로서의 역할에 충실하지 못한 결과가 전쟁으로 나타나게 되었고, 종국에는 백성들이 곤궁해진 원인 역시 거기에 있었기 때문이다. 〈함주동행모우咸州東行冒雨〉[22]라는 시에서도 그 같은 면모를 살필 수 있다.

東行冒零雨	가랑비를 무릅쓰고 동행하여
半月到咸州	반달을 보고 함주에 도착하였네
入夜哀歌發	밤들어 슬픈 노래가락 일어나고
經秋古壘脩	가을 내내 옛 성만 수리하였네
疲氓苦思理	피곤한 백성들 태평을 고대하고
明主肯無憂	밝은 군주 근심 없애기를 고대하네
自愧書生輩	스스로 부끄럽다! 서생들이여
徒然白了頭	부질없이 흰머리만 무성하네

이 시에 표출된 것처럼 포은선생은 그가 처한 직분에서 백성과 나라를 위한 방법을 찾기 위해 번민하였다. 그것은 혼란했던 고려사회의 안정이었다. 그리고 왜구·홍건적·명나라 등에게 무력으로 대처하는 것은 결국

---

21 『포은선생집』 권2, 「지함주차척약재시至咸州次惕若齋詩」 "落葉正繽紛 思君不見君 元戎深入塞 驍將遠分軍 山寨行逢雨 城樓起望雲 干伐盈四海 何日是 脩文".
22 『포은선생집』 권2.

백성을 도탄에 몰아 넣는 결과만을 야기할 것이 분명하였다. 그렇다고 고려의 국방 문제에 관심을 가지지 않은 것은 아니다. 포은선생 역시 고려의 국방력 확충을 대외 문제에서 중요한 요소로 생각하고 있었다. 1375년(우왕 1) 이인임 등이 주장하는 친원정책을 반대하며 올린 〈원나라 사신을 영접하지 말 것을 요청하는 상소〉에서 정료위定遼衛와 약속하여 군사를 길러 사변에 대비하면서 성언聲言하여 북으로 향하면 원나라의 유종遺宗들이 자취를 감추고 멀리 달아날 것이라 하였다.[23] 이 같은 발상은 빈번한 이민족의 침입에 고려의 국방력 향상이 무엇보다 중요하다는 인식에서 비롯한 것이다.

그러나 고려의 당면 현실에서 국방력의 확충이란 요원한 문제였고, 백성들의 생활이 더욱 고단해질 것은 명약관화한 것이었다. 포은선생이 당시 명나라나 왜구와 복잡하게 얽혀 있던 대외 문제를 외교적 입장에서 평화적으로 해결하려 했던 중요한 이유이다. 명나라의 존재는 형세를 중시하는 화이론적 천하관에 의해 조공을 해야할 대상임이 분명했다. 그의 관심은 전쟁이 아닌 외교적인 노력에 있었고, 백성을 전쟁으로 내몰지 않을 수 있는 최선의 방법은 과다한 세공을 면제 또는 감면 받는 현실적인 것에 있었다.

이 무렵 1385년(우왕 11)에 포은선생은 동지공거로 과거를 주관하고 우홍명禹洪命 등 33인을 선발하여 인재를 얻었다는 칭송을 들었다. 특히 중장中場에서 떨어진 의비懿妃의 동생인 노귀산盧龜山을 급제시키려는 지공거 염국보廉國寶의 시도에 반대하였다. 이듬해에는 명나라에 원의 유습인 호복胡服을 폐지하고 중국의 제도를 따를 것을 건의하고 돌아와서 문하평리를 배수하였다. 이듬해에는 해직을 청해 영원군永原君에 봉해졌다. 1388년에는 삼사좌사를 제수하여 권문세족들이 민전民田을 점탈하여 토지제도가 문란해지고 백성들이 곤경에 처해 있음을 깊이 인식하고 사전私田을 개혁

---

[23] 『고려사절요』 권30, 우왕 원년 5월 참조.

할 것을 상소하였다. 창왕이 즉위한 뒤로는 예문대제학을 역임하였다. 이 때 주창한 호복의 폐지와 중국 제도의 수용은 그의 천하관 내지 현실적인 대외관에 기초한 것으로 보인다. 권신과 간신들이 탈점하고 있던 민전을 백성들에게 돌려주기 위한 사전 개혁의 요청은 전민변정도감을 중심으로 최영崔瑩이 주도했던 토지제도의 개혁에 부응하는 것으로, 포은선생이 그 사업에 적극 참여했음을 보여준다.

3. 공양왕 추대와 이성계의 반목 시기

이성계와의 만남, 위화도회군

포은선생과 이성계의 첫 번째 만남은 비교적 이른 시기에 이루어졌다. 앞서 언급했던 것처럼 1363년(공민왕 12) 8월 좌주 한방신이 동북면도지휘사로 화주和州에서 여진을 정벌할 때 종군하였는데, 이듬해 2월 서북면에서 원병을 이끌고 온 이성계와의 만남이 그것이다. 이때 이들의 만남에 대해서 『고려사』등에는 정몽주가 이성계를 쫓아 종군한 것으로 기록하고 있다.[24] 그러나 이것은 조선 건국세력의 입장에서 편찬된 두찬杜撰임이 분명하다.[25] 이후 이들은 1380년(우왕 6)과 1382년 왜구의 구략에 조전원수의 자격으로 운봉 등지에서 이성계를 쫓아 종군하면서 서로의 존재를 인식하게 된다.

그런 가운데 몇 차례에 걸친 명나라 사행의 성과로 포은선생은 정치적인 성장을 거듭하게 된다. 그리고 1388년(우왕 14) '조반의 옥사'[26]를 계기로 이인임과 임견미 등은 제거되고[27] 포은선생의 정치적인 입지는 더욱

---

24 『고려사』 권117, 열전 30, 정몽주 및 『고려사절요』 권35, 공양왕 4년 4월 참조.
25 이형우, 「정몽주의 정치활동에 대한 일고찰-공양왕대를 중심으로-」, 『사학연구』 41, 한국사학회, 1990, 58쪽.
26 염흥방廉興邦의 가노家奴 이광李光이 조반趙胖의 토지를 탈점하자 조반이 이광을 베고 그 집에 불을 지르면서 발단이 된 옥사 사건을 말함.

강화된다. 최영·이성계와 본격적으로 협력하는 것도 바로 이 시기이다. 하지만 그의 부단한 노력으로 화해를 모색하던 명과의 관계가 다시 악화되는 사건이 발생한다. 명나라에서 말 5천필을 요구하고 요동을 폐쇄하여 사행의 왕래를 단절시키는 한편, 철령이북을 차지하기 위해 일방적으로 철령위鐵嶺衛를 설치한다고 고려에 통보하였기 때문이다. 명나라의 이 같은 요구는 고려 조정을 양분시켰다. 최영을 중심으로 하는 요동정벌론과 이성계를 중심으로 하는 반대론이 그것이다. 그 해 4월 우왕은 최영과 함께 요동 정벌을 결행하지만, 이를 반대하던 이성계 세력은 위화도에서 회군을 단행하여 우왕을 폐위시키고 최영을 숙청한다. 그리고 회군에 참여했던 조민수曹敏修·조준趙浚 등을 앞세워 권력의 핵심으로 등장한다. 이때 포은선생이 위화도회군에 어떤 입장을 보였는지를 보여주는 자료는 확인되지 않는다. 다만 회군 이전의 관직인 삼사좌사를 그대로 유지하고 있고, 몇 차례의 사행 경험이 있는 명나라를 정벌한다는데 대한 부담감, 그리고 서생으로서 종군하면서 목도한 백성들의 피해 등을 고려할 때, 최영의 요동 정벌보다는 이성계의 회군에 긍정적인 입장이었던 것으로 보인다. 무력보다는 적극적인 외교 관계를 통해 고려의 대외 문제를 원활하게 해결하고자 부단히 노력하였다는 점 역시 참고할 수 있다.

포은선생과 이성계가 정치적으로 긴밀한 관계를 맺게 되는 시기는 위화도회군 직후라고 생각된다. 이것은 지속적인 이민족의 침구와 위협 속에서 서생으로서의 한계를 절실하게 체험하고 있던 그의 입장에서 사직의 안정과 지속을 위해 무력 역시 필요한 것이었다. 왜구·홍건적 등의 구략에서 헤어나지 못하고 있던 백성들을 위해 전쟁터에서 혼신을 다하던 이성계는 포은선생이 바라던 장수의 모습이었을 것이고, 보수적인 문벌이나 친원 세력이 아닌 한미한 문사에 불과하지만 뛰어난 정치적 식견을 가진 포은선생이 이성계의 입장에서도 필요한 존재였을 것이다. 이성계를 문

---

27 『고려사절요』 권32, 우왕 13년 12월 및 14년 정월 참조.

무를 겸비한 인물로 평가하고 있는 〈송헌이시중화상찬松軒李侍中畵像讚〉[28]라는 시에서 그 같은 시사를 받는다.

   風彩豪俊 華峰之準 풍채의 호준함은 화봉의 매이고
   智略深雄 南陽之龍 지략의 심웅함은 남양의 용이로다
   或判事廟堂之上   묘당에서 국사를 판결하기도 하고
   或決勝帷幄之中   유악에서 승리를 결정하기도 하였네
   遏洪流於滄海   창해에서 큰물을 막고
   扶日出於咸池   함지에서 해돋이를 도왔네
   求古人於簡策   간책에서 옛 사람을 찾아보니
   盖如公者幾希   공과 같은 사람은 드물도다

 포은선생이 이성계를 칭송하고 있지만, 두 사람은 고려 사직의 보존과 부정이라는 궁극적으로 평행선을 그을 수밖에 없는 한계에 놓였다. 위화도회군은 고려의 사직을 부정하고 역성혁명을 위한 수단에 불과했다. 이런 와중에서 우왕의 폐위, 창왕의 즉위와 폐위, 공양왕의 추대 등은 일련의 개혁의 과정이 아니라 신왕조를 개창하기 위한 이성계 세력의 수순에 불과했다.
 포은선생은 한미한 가문의 문사로 좌주의 도움조차 기대할 수 없었던 처지였다. 그럼에도 고려말의 격동기중 한 시기인 공민왕·우왕·창왕 때를 거치며 조정의 주목받는 관료로 성장한 것은 성리학을 중심으로 하는 학문적 토대와 북원·명·일본·고려 등을 위시한 동북아시아의 정세를 꿰뚫는 대외관, 고려 사직의 존속과 안정을 위한 개혁의 수행에 필요한 현실 정치의식 등이 있었기 때문에 가능했다. 이중 공민왕 때 성균관에서 이색을 중심으로 박의중·이숭인·김진양 등과의 교류와 성리학에 대한

---

[28] 『포은선생집』 권3, 잡저.

깊은 이해는 이후 그의 정치적 향배를 결정하는데 큰 역할을 하였다. 특히 성리학의 심화는 이를 바탕으로 하는 유교사회의 실현이라는 정치적 목표를 설정하게 하였다. 이 같은 이념을 추구하는 많은 사람들과 가문이나 제반 여건을 염두에 두지 않고 교류함으로써 자신의 정치적 기반을 확대할 수 있었던 것도 사실이다.

우왕 때는 대외 문제를 놓고 이인임 등 친원 세력의 노선에 직접 반대하고, 요동 정벌 또한 부정적으로 인식하여 위화도회군에 동조하였다. 여기에는 중원의 주인이 원에서 명으로 바뀌었다는 그의 형세론적 천하관이 깊이 반영되어 있다. 하지만 회군 이후 공양왕의 영입과 전제 개혁의 방향을 둘러싸고 그는 이색·이숭인 등과 정치 노선을 달리하는 한편, 이성계와도 서서히 반목하게 된다.

공양왕 추대

공양왕의 즉위를 계기로 포은선생은 이제까지 성균관에서 교류하며 노선을 함께 했던 이색·길재·권근 등과 정치적으로 갈라지게 된다. 우·창왕의 폐위와 공양왕의 추대에 대해 이들과 입장을 달리했다. 이색을 위시한 사대부들은 우·창왕의 정통성을 인정하여 이들의 폐위 자체를 고려의 종말로 인식하였다. 그러나 포은선생은 우·창왕이 비록 왕위에서 물러났지만 고려의 사직은 존속되어야 한다는 입장에서 공양왕의 추대에 적극적인 입장을 표명하였다. 공양왕 즉위와 함께 문하찬성사門下贊成事 동판도평의사사사同判都評議使司事 호조상서시사戶曹尙瑞寺事 진현각대제학進賢閣大提學 지경연知經筵 춘추관사春秋館事 겸성균대사성兼成均大司成 영서운관사領書雲觀事를 제수하고, 순충논도동덕좌명공신純忠論道同德佐命功臣과 익양군益陽郡 충의군忠義君에 봉해졌다.

이색 등과 달리 이성계 세력에 의한 우·창왕의 폐위에 동조하고 공양왕의 추대에 적극적일 수 있었다는 점은 포은선생이 군주와 신하의 직분을 어떻게 인식하고 있었는지를 시사한다. 포은선생은 군주는 국정운영의 책임자로 모든 사람들이 받들어야 할 존재이며, 신료는 국정이 원활하게 운영될 수 있도록 군주의 보필을 책임지는 존재로 이해하고 있었다. 따라서 선정을 베푸는 군주의 명령은 국가를 대표하지만, 그렇지 못한 경우 신하는 백성을 위해 군주를 등질 수 있다고 인식하였다.[29] 이 때문에 회군 직후 윤소종尹紹宗·조인옥趙仁沃 등 이성계 일파가 곽광전霍光傳을 바쳐 우왕을 폐위하고 왕씨를 세울 것을 암시하였음에도 불구하고[30] 이성계 세력과 별다른 반목을 갖지 않았다. 그리고 우·창왕의 실정은 공양왕의 추대를 가능하게 하였다.

이성계의 반목

위화도회군 이후 이성계 세력은 권력을 장악하고 신왕조 건설을 위한 일들을 구체적으로 추진한다. 그리고 그것은 우창당禑昌黨으로 불리는 구세력을 물리치고 자신들을 중심으로 정치체제를 개편하는 것과 이를 공고히 하기 위한 경제기반의 확보, 즉 사전을 개혁하는 것이었다. 물론 백성들이 송곳을 세울 만큼의 경작할 땅도 얻지 못하는 상황에서 사전 개혁으로 민생의 안정을 담보해야 한다는 조준趙浚의 상소는 당연한 것이지만,[31] 그것은 회군 세력의 경제력 확보를 위해서도 필요한 것이었다.

이런 상황에서 이성계 세력이 주도했던 급진적인 사전 개혁에 반대하고 우·창왕의 정통성을 인정하던 이색·조민수·권근·하륜·이종학·이숭인 등이 '우창당'으로 숙청되기에 이르렀다. 포은선생은 이때부터 이들과 정치적 노선을 달리하게 된다. 그가 '우창당'으로 지목된 사람들의 처벌에 아무런 대응도 하지 않았다. 자신이 함장函丈으로 섬기고 있었지만,[32] 창왕의 즉위에 중요한 역할을 담당했던 이색에 대해 "죄는 되지 않지만, 절조節操가 없다"고 애매한 태도로 비판하고 있는데서 그의 입장을 알 수 있다. 그리고 이 같은 차이는 고려 사직의 존속이라는 근본적인 문제뿐

---

29 유경아, 『정몽주의 정치활동 연구』, 59~62쪽.
30 『고려사절요』 권33, 우왕 14년 6월 참조.
31 『고려사절요』 권33, 창왕 원년 7월 참조.
32 『포은선생집』 권2, 「차목은선생운칠석유안화사次牧隱先生韻七夕遊安和寺」 참조.

만 아니라, 그 당시 사회가 지니고 있던 여러 가지 문제의 인식 정도에서 비롯된 것이다.

포은선생이 '폐가입진廢假入眞'의 명분으로 이성계 세력과 함께 공양왕을 추대했다고 하더라도 그것이 이성계의 노선에 완전히 동조했다는 의미는 아니다. 이것은 이성계 일파의 신왕조 개창이라는 일련의 움직임을 어느 정도 간파하고, 고려의 존속을 위한 노력을 경주하고 있음에서 확인된다. 1390년(공양왕 2) 7월 '이초당彝初黨'을 재차 논핵하면서 그 움직임은 분명해진다.

윤이尹彝·이초李初 사건은 1390년 5월 공양왕과 이성계가 명나라를 치고자 하는데 반대한 이색·조민수 등 19인을 살해하고 유배를 보냈는데, 그중 유배지에 있던 재상 등이 윤이와 이초를 명나라 황제에게 보내 명나라에서 군사를 파견하여 이성계 세력을 토벌해 달라고 부탁했다는 유언비어에서 시작되었다.[33] 이 사건은 공양왕이 '우창당'에 대한 처벌이 소극적이자 정국을 자신에게 유리하게 전개시키기 위한 이성계 세력의 조작에 의한 것일 가능성이 많다.[34] 즉 '우창당'의 처리 문제로 공양왕과 대립했던 이성계 세력은 1390년 4월 회군공신回軍功臣을 확정·포상하는 등 자신들의 결속을 공고히 하기 위해 일련의 조치를 취하는 한편, 반대 세력을 숙청하기 위한 계기 또한 모색하고 있었다. 이때 일어난 것이 윤이·이초의 사건이다.

이런 와중에 이성계 세력의 고려의 부정과 신왕조 개창 음모는 자연스럽게 드러났다. 이에 반대하는 인물들은 고려 사직의 유지를 위해 점차 포은선생을 중심으로 일군을 이루게 된다. 이성계 세력이 '이초당'을 논핵하며 자신들의 의도를 여실히 드러내자, 포은선생은 고려 사직의 존립을 위해 이성계와 반목하며 이색·권근 등의 사면을 건의하여[35] 구세력과 재

---

[33] 『고려사』 권45, 공양왕 2년 5월 참조.
[34] 유경아, 앞의 책, 93~110쪽.
[35] 『고려사절요』 권34, 공양왕 2년 7월 참조.

결합을 시도한다. 특히 공양왕의 4대를 추봉하는 기회를 틈타 구세력에 대한 건의는 곧 바로 김사형金士衡·안경공安景恭 등을 위시한 사헌부와 형조의 반발에 부딪친다.36 이에 고려 사직의 존립을 위한 포은선생의 세력과 신왕조 개창을 위한 이성계 세력의 대립과 반목이 본격적으로 시작된다. 이때 '이초당'의 처리를 위해 도당都堂에서 열린 논의에서 그가 "윤이·이초의 무리는 죄가 명백하지도 않고, 또 이미 사면을 받았기 때문에 재차 논죄할 수 없다"고 자신의 뜻을 분명하게 밝히고 있음은 이 사건이 어떻게 해결되는가의 문제에 고려의 사직이 달려 있었음을 직감할 수 있다. 포은선생은 이 시기에 무너져 가는 고려왕조의 유지를 위해 마지막 노력의 중심에 서 있었다.

포은선생의 피살과 고려의 종말

이후 포은선생과 이성계로 대표되는 양 세력은 고려왕조의 존립과 역성 혁명을 둘러싸고 첨예한 정치적 갈등을 드러낸다. 이성계 세력에 의해 주도된 역성혁명은 "군주에게 천명天命이 떠났으면 일개 필부에 불과한 것으로 새로운 유덕자有德者·지인자至仁者를 왕으로 추대해야 한다"는 『맹자』에서 근거한다. 이들의 논리라면 공양왕은 천명과 인심을 잃은 필부에 불과했다.

그러나 포은선생의 입장에서 공양왕은 태조의 정통성을 계승한 대천代天의 군주였다. 이것이 공양왕을 도와 고려 사직을 보존하려는 명분이었다. 이에 이성계 세력과의 반목과 견제를 계속하며 500년 사직의 존립을 위해 부단히 노력한다. 1391년(공양왕 3) 인물추변도감 제조관에 임명되어 인사권을 총괄하는 한편, 12월에는 이른바 5죄五罪에37 대한 실상을 밝혀

---

36 『고려사』 권104, 열전 17, 김방경 부 김사형 참조.
37 5죄는 ① 왕씨를 세우는 의논을 저지시키고 창昌을 세운 사람 ② 김종연金宗衍의 모의에 참여한 사람 ③ 신우辛禑를 맞이해서 왕씨를 영구히 끊으려고 한 사람 ④ 윤이와 이초를 명나라에 보내 명 황제가 군사를 움직이기를 청한 사람 ⑤ 선왕의 얼손孼孫을 몰래 꾀어 반역을 꾀한 사람 등을 의미한다(『고려사』 권117, 열전 30, 정몽주 참조).

정도전 등과 본격적인 대립을 시도하며, 안사공신安社功臣의 이름을 더하였다. 또 1392년에는 불공정한 현실의 개혁을 위해 대명률大明律 지정조격至正條格과 고려의 법령을 산정하여 신정률新正律을 바쳤다. 공양왕은 지신사 이첨李詹에게 6일 동안이나 진강하도록 하면서 수차례에 걸쳐 정교함을 칭찬하기도 하였다. 신정율의 내용이 전하지는 않지만, 그것은 당시 이성계 세력을 염두에 두고 고려사회의 정통성을 재확립하기 위해 마련된 개혁 입법으로 짐작된다. 즉, 이성계 일파를 타도하고 고려 왕권의 계승을 위한 비상수단이었을 것이다.[38] 이런 점에서 당시는 공양왕의 후원을 입은 포은선생의 세력이 이성계 세력보다 우위를 차지하며 정국을 이끌어 갔다고 생각된다.

특히 이성계 세력의 건국을 위한 반대파 숙청이 한창이던 1391년 정월에, 편수관을 두어 주자의 『통감강목』을 모방해서 역사를 편찬하여 향후를 대비할 것을 청하고 있음이 주목된다.[39] 이 건의는 수용되어 이색과 이숭인에게 실록을 찬수하라는 명이 내려졌으나 실제 이루어지지는 못했다. 이 시점에서 『통감강목』을 모방한 실록을 편찬하려는 의도는 반역자를 응징하여 군주의 명위名位를 회복하고 국가 기강을 확립하려는 데 있었던 것이다. 즉, 이성계 세력의 자의적인 권력 행사를 경계하고, 형벌이 왕의 처결대로 제대로 이루어지지 않는 현실을 비판하기 위한 목적이 있었다고 생각된다. 이것은 포은선생의 역사관이 성리학의 대의명분론에 입각한 도덕중심이었음을 시사한다.[40]

1392년(공양왕 4) 3월 이성계가 해주에서 사냥을 하다가 다쳐 위독하다는 말이 퍼졌으며, 김진양金震陽 등에 의해 이성계 세력은 먼 지방으로 유배되어 와해될 기로에 서게 되었다. 이에 위협을 느낀 이성계 세력은 4월 이방원의 주도아래 포은선생을 죽이기로 계획하였다. 이성계의 문병을

---

38 신천식, 『목은 이색의 학문과 학맥』, 287~288쪽.
39 『고려사절요』 권35, 공양왕 3년 정월 참조.
40 유경아, 앞의 책, 66~67쪽.

다녀오던 포은선생을 조영규 등으로 하여금 선죽교에서 살해하게 한다.

  포은선생의 피살에 대한 『고려사절요』의 기록은 반대파에 있던 세력층의 주도하에 편찬된 기록이라는 점에서 한계를 지닌다. 그렇다고 해도 이성계 세력의 입장에서는 포은선생을 추종하는 세력층에서 이성계를 도모하려는 의도를 알아차린 후 긴급하게 실행된 반격의 성격을 띠고 있다.

> 「정몽주가 우리 태조의 위엄과 덕이 날로 성해짐에 조정과 민간에서 마음을 그곳으로 돌리자 이를 꺼려하였다. 조준·정도전·남은 등이 비로소 태조를 추대하려는 마음이 있는 것을 알고 태조의 병이 위독한 것을 이용하여 도모하고자 하였다. 이에 대간을 사주하여 조준·정도전·남은 및 평소에 태조에게 마음을 돌린 사람 5~6명을 탄핵하여 죽이고 태조까지 미치게 하려고 하였다」[41]

  이 기록에 의하면, 포은선생이 이성계의 문병을 핑계로 공양왕의 지지를 토대로 합법적인 방법으로 그를 제거하려 했던 것으로 나타나 있다. 사전에 그 같은 계획을 탐지한 이성계 세력은 극단적인 방법으로 자신들의 반대파인 포은선생을 제거함으로써 신왕조 개창을 위한 최대의 걸림돌을 제거한 것이다. 그리고 '정몽주당'의 숙청을 단행함으로써 고려왕조는 역사에서 사라지게 된다.

  포은선생을 중심으로 한 고려왕조 유지 세력이 역성혁명 세력에 별반 대응도 하지 못하고 무너진 원인은 무엇보다도 군사적 기반의 취약성에 있다. 그들은 대부분 공양왕의 측근에서 간관 등 조정의 중요한 자리를 장악하고, 왕을 움직여 이성계 세력에 대응해 갔다. 반면 그들의 군사적 기반은 왜구·홍건적과의 전쟁에서 성장한 이성계 세력에 비교할 수 없이 빈약했다. 물론 포은선생 역시 외침에 대비한 군사력 확충에 깊은 관심을

---

[41] 『고려사절요』 권35, 공양왕 4년 4월.

가지고 있었다. 구체적인 예로, 왜구의 침략에 대해 산성을 수축하고 봉수를 설치하여 이들의 침입에 대비하는 한편, 인마人馬와 재물을 산성에 옮기고 험한 곳을 끼고 적에 맞서는 것이 가장 좋은 방법으로 지적하고 있음을 들 수 있다.[42] 몇 차례 종군하면서 경험한 전쟁에서 군사력의 확충에 관심을 가지게 되었음을 충분히 짐작할 수 있다. 그러나, 이것은 국정 운영이라는 측면에서의 인식일 뿐, 자신의 가병家兵을 이끌고 있던 이성계 세력과는 비교할 수 없는 것이었다.

소위 '정몽주당'의 결속력 부족도 패인으로 들 수 있다. 포은선생은 한미한 가문에서 자신의 능력만으로 성장한 인물이다. 고려 조정에서 활동하면서 많은 인물들과 교류하였으나, 대부분 성리학을 수용한 사대부 계층이다. 이들은 고려 사직의 유지라는 명제에는 동조하였지만, 정국의 운영방향이 격변하면서 각 사안에 따라 자신들의 정치적 입장을 결정하며 이합집산을 거듭하였다. 이 같은 움직임은 혁명파의 그것과 대비되는 것이었다. 결국 포은선생의 피살은 곧바로 고려의 종말을 의미하게 된 것이다.

---

[42] 『포은선생집』 권3, 잡저, 「김해산성기金海山城記」.

포은과 개성의 상징인 선죽교

　개성은 고려의 수도로써 5백년 역사를 가진 유서 깊은 곳이다. 때문에 많은 문화유적이 남아 있을 듯하다. 지금까지 보고된 자료에 의하면 고려 왕릉 31, 분묘 20, 성곽 19, 궁터 8, 탑 8, 부도 및 비갈 6, 불상 1, 당간지주 2, 정각 8, 서원향교 3, 가마터 1, 기타 유적 33건으로 총 193건에 이르는 것으로 알려져 있다. 이 가운데 개성관광을 통해 직접 관찰할 수 있는 것은 박연폭포·관음사·공민왕릉·왕건릉·영통사·선죽교·숭양서원·성균관뿐이다. 멀리서나마 볼 수 있는 것은 남대문, 연복사종, 민속마을 등이다. 이러한 여건 속에서 포은선생과 관련된 주요 유적은 거의 살필 수 있다는 것은 다행이다.

포은선생의 순절처 선죽교

　개성 답사에서 가장 관심을 끄는 것은 역시 선죽교이다. 대부분이 초등학교에서부터 선죽교에 대해서 들어왔고 사진을 통해 익히 보아왔다. 그런 때문인지 개성을 찾는 관광객 모두가 기대하는 곳은 선죽교이다. 기대가 큰 만큼 실망도 큰 곳이 선죽교이다. 필자도 처음 본 선죽교의 모습에서 큰 감동을 느끼지 못했다. 통제구역 안 시멘트 포장도로 옆에 외롭게 놓여 있어서 그런지도 모르겠다. 전날 밤 내린 눈으로 주변의 경관이 다소 포근해 보여 다행이었다. 눈 녹은 뒤에 젖어든 선죽교의 핏자국은 더욱 선명하였다.

선죽교가 유명한 것은 포은선생이 격살당하며 흘린 피가 돌에 스며들어 지금까지 남아 있다는 이야기 때문이다. 지금도 선죽교 상판에는 붉은 색이 남아 있다. 그것이 정말 포은의 핏자국일까? 북측 안내원은 포은선생이 피살된 후 어떤 사람이 피 같은 문양이 들어있는 돌로 기왕의 돌을 교체한 것이라고 했다. 붉은 흔적은 6백년이 지난 지금도 눈으로 확인할 수 있을 정도로 선명하다. 그러니 포은선생의 순절을 증빙하는 자료로 믿기 어려운 것도 이해가 된다. 그러면서도 신이한 일을 믿지 않는 북쪽 사람들이기에 그렇게 말하고 있다는 생각이 들었다. 철분이 함유된 화강석에서 흘러나온 자국으로 보는 것에도 의혹이 생긴다. 불가사의한 일이다.

홍직필洪直弼은 〈선죽교기善竹橋記〉에서 핏자국을 의심하는 자들을 책망하며 중국의 사적을 예로 들어 열거하고, "갑신년(순조 24, 1824) 맹하孟夏에 내가 노주 장인老洲丈人을 따라 송경에 가서 이 다리에 올랐으되 감히 밟지 못하고 돌의 핏자국을 어루만지고는 혀로 핥고 싶었다"고 하였다.

북쪽의 선죽교 안내원은 타고난 관광안내원이다. 그녀는 선죽교에 얽힌 일화를 시조로 엮어 들려주었는데 그 줄거리는 이렇다.

「당시 포은 정몽주의 집은 개성 서쪽 선죽동에 있었고 이성계의 집은 동쪽 덕안동 (현재 승전동)에 있었다. 정몽주가 노모의 병문안을 가니 노모는 이미 어떤 낌새를 채고 "까마귀 싸우는 골에 백로야 가지마라/성난 까마귀 흰빛을 새오나니/청강에 고이 씻은 몸을 더럽힐까 하노라"고 하며 집을 나가지 말라고 권한다.

그러나 포은은 노모의 말을 듣지 않고 그 길로 이방원을 찾아간다. 방원은 포은을 맞아 "이런들 어떠하리 저런들 어떠하리 / 만수산 드렁칡이 얽혀진들 어떠하리 / 우리도 이같이 얽혀져 백년같이 누리리라"는 회유의 시를 읊는다. 만수산은 개성 서쪽 두문봉 북방에 있는 산으로 고려 역대 왕릉이 많이 있어 고려의 북망산으로 불리는 산이다. 이에 포은은 그 유명한 단심가, "이 몸이 죽고 죽어 일백번 고쳐 죽어 / 백골이 진토되어 넋이라도 있고 없고 / 임 향한 일편단심이야 가실 줄이 있으랴"로 대답하고 돌아오는 길에 선죽교에서 살해당하고 만다는 내용이다.」

선죽교의 일화나 이와 관련된 시조 작품의 진위에 대해 의견이 분분한 것은 사실이다. 그럼에도 선죽교 앞에서 그런 설명을 듣는 정경 자체만으로도 가슴 벅차다.

포은선생만큼 죽어서 이름을 남긴 인물은 흔치 않다. 같은 시기의 유학자 이색보다도, 경륜가 정도전보다도 높이 추앙되고 있다. 포은선생이 이토록 후세에 추앙을 받는 것은 무엇 때문인가? 바로 절의 때문이 아니겠는가.

포은의 절의는 돌다리의 붉은 피와 함께 참대로도 표현되었다. 그가 이방원이 보낸 조영규 일당에게 격살 당하던 날, 그 때 흘린 선혈이 돌다리 아래로 흘러내려 개울에서 참대가 솟아났다고 한다. 말할 것도 없이 대나무는 충절의 상징이다. 이런 연유로 본래 '선지교選地橋'였던 이름이 '선죽교善竹橋'로 바뀐 것이다.

북쪽에서는 선죽교를 국보유적 159호로 지정하고, 선죽교와 그 주변을 보존하고 있다. 선죽교 안내표석에 적힌 글을 전재한다.

「선죽교는 고려초기에 놓은 다리로서 길이 8.35메터 너비 3.36메터이다. 원래 선지교라 하던 것을 고려충신이었던 정몽주가 리성계의 정권탈취를 반대하다가 이 다리에서 피살된 다음 그 자리에서 참대가 돋았다고 하여 선죽교라 부르게 되었다.」

선죽교의 옛이름은 선지교였다.

선죽교는 개성시 선죽동 자남산 동쪽 기슭의 작은 개울에 걸쳐 있는 돌다리이다. 개성시내 남대문에서 동쪽으로 1km 지점에 있다. 자남산여관 바로 옆에 있다. 919년 고려 태조가 송도의 시가지를 정비할 때 하천정비의 일환으로 축조한 것이다. 본래의 이름은 선지교였다.『고려사』〈최충헌전〉에서 그같은 사실을 확인할 수 있다.

「최이崔怡의 가병家兵은 선지교에서 숭인문까지의 사이에서 깃발과 북을 가지고 전투 연습을 했다.」[1]

『조선정종실록』권3, 2년(1400) 경진 정월초의 기록에 "방간이 병사를 이끌고 내성 동대문으로 향해 가다가 문화를 선죽교 주변에서 만났다.[芳幹行兵向內城東大門 文和遇於善竹橋邊]"라는 기록이 있다. 이 당시에 선죽교라는 명칭이 사용되었음을 알 수 있다. 포은선생은 1392년 4월 4일에 순절하고, 조선 태종1년(1401)에 신원되어 익양부원군益陽府院君이라는 작호와 문충文忠이라는 시호를 받았다. 그렇다면, '선지교'라는 이름이 '선죽교'로 개명된 것은 1392년 이후부터 1400년 사이이다. 포은선생과 교분을 나눴던 이경李瓊의 한시 가운데 〈선죽교에서 포은을 추도하여善竹橋悼圃隱〉[2]라는 작품이 있는데, 여기서도 그같은 사실을 확인할 수 있다.

精忠此地傷前蹟	정충은 이곳에서 안타까워하지만
交契何天問後期	교분은 어느 세상서 다시 맺어 볼건가
節義由來同所講	절의는 본디부터 함께 강구했는데
續吾後死强吟詞	부끄럽게 나만 남아 글귀 읊조리네

---

1 『고려사』129권, 열전42, 반역3, 최충헌.
2 『포은집속록』.

이 작품은 포은선생이 선죽교에서 순절한 뒤 얼마 안되는 시기에 지은 것으로 보인다. 『신증동국여지승람』에는 개성부의 교량조에 선죽교가 기록되어 있다.

　선죽교는 화강석으로 축조된 전형적인 널다리이다. 개울바닥에 기초석을 깔고 그 위에 길쭉한 기둥들을 쌓아올린 다음 큰 화강석 판돌을 깐 단순한 것이지만 구조가 튼튼하여 지금도 옛 모습을 간직하고 있다. 난간을 둘러 세운 다리와 난간 없는 다리가 나란히 있는데, 난간을 세운 것이 선죽교이다. 전체규모는 길이 8m 남짓, 너비 3m 조금 넘는다.

　이 다리는 5경간으로 되어 있는데, 중앙부분이 높고 가장자리가 낮은 안정된 모습을 띠고 있다. 교대橋臺(다리 양끝의 다릿발)는 그 동안 개울 폭이 좁아져 안쪽으로 들어와 있고, 교각橋脚(다리 가운데의 다릿발)은 4개로 폭 40cm 정도의 방형의 석재 기둥을 세우고 이를 바탕으로 폭 50cm 높이 20cm되는 장방형의 장대석 멍엣돌을 횡으로 걸쳤다. 멍엣돌이 다리폭보다 약 20~30cm 정도 바깥으로 나와 있어 고풍스런 모습을 보여주고 있다. 그 위에 길이 방향으로 길이 2m, 폭 50cm, 두께 25cm 내외의 판석을 멍엣돌에 걸쳤으며, 가운데 부분은 약간 두껍고 가장자리는 다소 얇게하여 디딤돌步板로 삼았다.

　돌기둥과 노면이 맞닿는 부분에는 시렁돌을 철도의 침목모양으로 올렸으며, 이 돌은 좌우로 거의 튀어 나오지 않았다. 노면 위에는 교량의 난간주 구실을 하는 돌기둥을 2단으로 쌓았다. 얼핏 3단으로 보이지만, 난간주의 2단에 있는 돌은 아랫부분을 방형으로 다듬고 윗 부분을 8각으로 다듬은 다음 맨 위를 둥글게 다듬은 것이다. 난간주의 아랫돌은 구형단면矩形斷面의 돌로서 일정한 치수의 돌을 사용하지는 않았다. 동서 양 끝부분의 돌은 중간 돌보다 크다. 난간주 사이에는 각 돌기둥을 이어주는 8각의 돌을 횡으로 꽂아 연결하였다.

　선죽교는 본래 일반적인 옛다리와 마찬가지로 난간을 설치하지 않았었다. 지금 난간주의 석조물은 1780년(정조 4, 경자년) 9월에 포은 선생의 후손인 정호인鄭好仁이 개성부 유수로 재임시 축조한 것이다. 정호인은 선죽교

노면 위에 석란石欄(돌난간)을 설치하여 통행하지 못하게 했으며, 대신 별도로 옆에 돌다리를 세워 일반인이 통행하게 하였다. 아마도 혈흔이 소멸될 것을 우려해서 그랬던 것 같다. 하마비와 선죽교 표석 중간에 있는 석비에 그같은 사실이 자세하게 기록되어 있다.

홍직필의 〈선죽교기〉에도 같은 내용의 기록이 전한다.

「다리는 옛 도읍의 동북쪽 거리 큰길에 있는데, 선생의 후손인 호인好仁이 이 고을 유수로 있으면서 수레와 말에 짓밟히는 것에 차마 보지 못하여 다리 둘레에 특별히 돌난간을 설치하고, 곁에 다리 하나를 만들어서 통행하게 하였다.」

또한, 석축石築 하단부에 '병진丙辰' '축란築欄' '무오개축戊午改築' '병신개란丙申改欄'이라는 명문銘文이 있어 이후 개축되었음을 확인할 수 있다. 즉, 병진년(1796, 정조 20)에 난간을 세웠으며, 무오년(1798, 정조 22)에 개축하고, 다시 병신년(1836, 헌종 2)에 난간을 고쳐 세웠음을 확인할 수 있다. 지금의 선죽교 모습은 170년 전에 개축된 것인 셈이다. 그리고 고유섭高裕燮이 선죽교 인근에 있던 묘각사妙覺寺의 다라니당陀羅尼幢이 선죽교 상판의 석재로 사용되었다고 하였는데, 한국역사연구회팀에 의해 최근 확인되었다.

선죽교 경내의 석비

선죽교 주변에는 여러 기의 석비가 있다. 동쪽에 하마비下馬碑·기적비記蹟碑·선죽교善竹橋 표석이 나란히 서 있으며, 표석 옆에는 성인비각成仁碑閣이 있다. 비각 앞에는 포은선생과 함께 순절한 녹사 김경조金慶祚의 기실비紀實碑와 순의비殉義碑가 직각 방향으로 서 있다. 선죽교 공원 경내에는 이밖에도 성여완유허비각成汝完遺墟碑閣이 있다. 선죽교 서편에는 영조와 고종의 어제어필선죽교시비御製御筆善竹橋詩碑를 보관한 표충비각表忠碑閣이 있다.

선죽교善竹橋 표석

선죽교 동쪽에 하마비, 기적비와 나란히 서 있다. 전면에「善竹橋」세 글자를 각자刻字하였는데, 한호韓濩의 글씨이다.

선죽교기실비善竹橋紀實碑

선죽교 동쪽 하마비 옆에 있는 석비이다. 석질은 화강석으로 규모는 50×130cm정도이다. 본문은 6행×30자의 해서체로 각자刻字하였다. 좌측 끝에「崇禎紀元後 三庚子 九月 日 立」이라는 간기刊記가 있는데, 바로 후손 정호인鄭好仁이 기존의 선죽교 위에 돌난간을 세우고, 별도로 돌다리를 축조한 때이다. 비문 첫 행에「善竹橋也 我先祖圃隱先生成仁之所也」라는 기록에서 정호인이 선죽교를 개축하고 별도로 석교를 축조하면서 새운 석비임을 알 수 있다.

성인비成仁碑

선죽교의 동쪽에 있다. 1641년(인조 19)에 부임한 유수 목서흠睦紋欽이 사인들과 함께 건립한 석비이다. 훼손이 심하여 판독하기 어려우나, 문헌기록에도 전하여 내용을 확인할 수 있다. 전면에「圃隱鄭先生成仁碑 / 一代忠義萬古綱常」이라 2행으로 각자되어 있다. 변란이 있을 때마다 석비에서 눈물이 흐른다고 하여 '읍비泣碑'로 불려진다.『포은집속록』에 1710년(숙종 36, 경인년)에 유수 권상유權尙游가 비각을 중건하였다는 기록이 있다.

포은녹사기실비圃隱錄事記實碑

이 석비는 성인비각 바로 앞에 있다. 1797년(정조 21)에 개성유수 조진관趙鎭寬이 세운 석비이다. 석비 전면에는「高麗侍中圃隱鄭 / 先生錄事珍島金 / 公慶祚記實碑」라고 3행으로 새겼다. 뒷면에 포은선생과 녹사 김경조金慶祚의 순절 사실을 기록하였다. 측면에「崇禎紀元後三丁巳 三月 日 開

城留守趙鎭寬撰幷書」라는 간기가 있다.

포은녹사순의비 圃隱錄事殉義碑

이 석비는 성인비각 앞에 포은록사기실비와 나란히 서 있다. 전면에 「高麗侍中錄事殉義碑」라 각자하였다. 측면에 「開城留守趙鎭寬撰幷書」라는 기록이 있다.

오천烏川으로 흘러드는 선죽교의 물길

북쪽 선죽교 주변의 지명 가운데, 남쪽의 포항시 오천읍烏川邑의 지명과 같은 지명이 있다. 개성의 지명자료집에서 관련된 사항만 정리해 보인다.

문치당골(文忠堂골): 東部 子男山을 向해 뚫린 골. 崧陽書院이 된다.
元町: 善竹洞의 옛 洞名.
채칙골: 烏川에서 訓鍊院 方向으로 가는 골.
검으전골: 南部. 시내를 종단하는 운계천과 오천이 합류되는 곳에 있음.

『신증동국여지승람』개성부 기록에 "좌견교坐犬橋는 남대문 밖 북쪽에 있다. 그 물을 흑천黑川이라 한다."하였고, "풍우교風友橋는 남대문 밖에 있는데 그 물을 백수白水라 한다."고 하였다. 하천 물이 검다고 해서 붙여진 '검으내'라는 지명이 흑천黑川으로 표기되고, 이것이 다시 오천烏川으로 표기된 것이다. 똑같이 '검다'는 뜻이기에 기록자의 다른 표기라고 생각된다. 그런데 굳이 '오천烏川'으로 기록한 이유가 뭘까 궁금하다. 포은선생의 고향이 영일현迎日縣 오천烏川이라는 사실과 무관하지 않을 것 같다. 포은선생이 흑천을 오천으로 명명하지 않았을까 생각해본다.

선죽교 노계천

선죽교 밑에는 물이 흐르고 있다. 『중경지中京志』에서 말한 '선죽교수善 竹橋水'일 성싶다.

본래 개경의 물줄기는 송악산에서 남대가南大街로 내려오는 배천白川이 중심이었다. 여기에 서쪽에서 동쪽으로 흐르는 앵계와 선죽교 쪽으로 내려오는 물줄기와 합쳐서 오천烏川을 이루어 동남쪽으로 내려갔다. 곧 고려시기 개경내부의 중심 물줄기는 배천이었지만 지금 개성 시내에서 볼 수 있는 가장 큰 물줄기는 바로 선죽교 동쪽의 물줄기이고, 이것이 오천으로 연결된다. 이병도李丙燾에 따르면 일제시기에 개성의 수해를 줄이기 위해서 인공적으로 내성 동대문지 근처의 낮은 맥을 끊어 중앙으로 몰리는 물을 새로 만든 선죽교 방면의 물길로 옮겼다고 한다. 즉 배천 상류와 선죽교수 상류를 연결하여 물의 큰 흐름을 배천에서 선죽교수로 바꿨는데, 지금 선죽교 동쪽의 큰 물줄기가 바로 이 때 만든 물줄기인 셈이다.

이곳 선죽동에서 살았다는 어느 노인(82세)의 증언에 의하면, 일제 말에는 선죽교 아래에 물이 흐르지 않았다고 한다. 일제 때 동쪽에 새 물길을 내면서 선죽교 쪽 물길이 폐쇄되었다가 최근에 선죽교의 면모를 살리기 위해서 인공적으로 물길을 만든 것이다. 북쪽 안내원이 "김일성 주석이 이곳에 와서 선죽교 밑에 물이 흐르도록 지시했다"는 설명도 그같은 사실을 말해준다.

어제어필 표충비각

선죽교와 길을 맞대고 있는 돌담 안에는 포은선생의 충절을 기리는 표충비 2기가 비각 안에 들어 있다. 포충비는 조선시대 영조와 고종이 포은선생의 충절을 기리는 뜻에서 세운 비다. 표충비각을 보호하기 위하여 외부에 담장을 둘렀으며, 입구는 솟을대문의 삼문으로 조성하였다. 삼문 좌측에 안내문과 하마비가 세워져 있다.

북쪽에서는 국가지정 문화재국보급 제138호로 지정하였다. 개성시 인민위원회가 세운 표충비 안내문을 옮겨본다.

「표충비의 오른쪽비는 1740년에, 왼쪽비는 1872년에 세운 것으로서 두 비에는 고려왕조에 대한 정몽주의 〈충의〉와 〈절개〉를 찬양하는 내용들이 씌여져 있다. 표충비는 정몽주를 내세워 사람들 속에서 봉건적 충의사상을 고취하기 위하여 세운 것이다. 표충비의 높이는 오른쪽의 것이 3.17m이고 왼쪽의 것이 3.58m로서 비들의 균형이 잘 잡혔으며 비를 받치고 있는 거북이는 당시 세련된 조각술을 생동하게 보여주고 있다.」

표충비는 화강석으로 조각한 귀부龜趺형 대좌臺座와 연화蓮花 문양, 이수螭首형 개석으로 조성되어 있다. 거북과 비룡의 조각 등은 조선후기 석조공예술의 진수를 보여주는 걸작이다. 두 임금의 어제어필을 새겼는데, 영조가 세운 표충비의 글씨는 그의 총애를 받았던 일급 기술자 최천약이 직접 새긴 것이다.

영조어제선죽교시비 英祖御製詩碑

개성시 선죽동 표충비각 안에 있다. 1740년(영조 16)에 선죽교에서 연輦을 멈추어 어제시와 소지小識를 내리고 개성유수 김약로金若魯에게 명하여 비를 세우고 각을 세우게 하였다. 앞면 상단부에는 「御製御筆善竹橋詩碑」라 전제篆題하였다. 그리고 종서縱書로 「道德精忠亘萬古 / 泰山高節圃隱公」라 새겼다. 뒷면에는 소지를 새겼다.

善竹橋詩	선죽교시
道德精忠亘萬古	도덕과 정충이 만고에 뻗치리니
泰山高節圃隱公	태산 같은 높은 절개는 포은공이네

소지小識

내가 즉위한 지 16년 경신庚申(1740) 가을 9월 3일에 목청전 들러 뵐 때, 다리가 가는 길 곁에 있었는데, 바로 고려 때의 시중 포은 정공이 절의를 세운 곳이다. 다리에 가까이 가서 거둥을 멈추고 시를 지어 돌을 세우니, 대개 공의 도덕을 높이고 공의 정충을 나타내기 위한 것인데, 이것이 어찌 내가 한때의 우연한 느낌으로 한 것이겠는가? 또한 예전에 도덕과 충성을 숭상하신 성대한 뜻을 몸받은 것이다. 명나라 숭정기원후 113년 겨울에 세웠다.

小識

予卽咋十六年 歲庚申秋九月三日 歷瞻 穆淸殿 是橋在途傍 是麗朝侍中圃隱鄭公 樹節之地也 臨橋止螺 製詩竪石 蓋所以尊公道德 表公精忠矣 而是豈特予一時偶感乎 亦仰體昔年崇道尙忠之盛意也 是皇朝崇禎紀元後百十三年冬立

고종어제어필선죽교시비 | 高宗御製御筆善竹橋詩碑

개성시 선죽동 표충비각 안에 있다. 고종이 1872년에 재릉齊陵・후릉厚陵을 배알하고, 개성의 문묘와 목청전에 들린 다음에 선죽교를 방문하였다. 선죽교의 핏자국을 보고 감회가 있어 선죽교시를 짓고, 이를 비석에 새겨 전하도록 하였다.

이 석비 앞면에는 상단부에 「御製御筆善竹橋詩碑」라 전제篆題하였다. 그리고 종서로 「危忠大節光宇宙 / 吾道東方賴有公」라 새겼다. 뒷면에는 소지를 새겼다.

善竹橋詩	선죽교시
危忠大節光宇宙	높은 충성 큰 절의가 우주에서 빛나니
吾道東方賴有公	우리의 도는 동방에서 공에게 힘입었네

소지小識

우리 태조께서 개국하신지 팔갑八甲[3]에 소자가 재릉齊陵·후릉厚陵[4]에 공경히 배알하고, 이어서 옛 도읍의 문묘에 참배하고 목청전에 들러 뵈었다. 또 선죽교를 보았는데 핏자국이 새것처럼 뚜렷하였다. 아아! 공의 정충精忠과 도덕에 저절로 모르는 사이에 감회가 일어 5백 년 뒤에 존모하게 되니, 참으로 동방 대현의 으뜸이다. 소자가 어찌 공을 스승으로 삼지 않겠는가. 공경히 영묘英廟의 시 한 구를 차운하여 감히 계술繼述의 뜻을 본받는다. 명나라 숭정 기원후 245년(고종 9, 1872) 봄에 세웠다.

小識

我 太祖開國八甲子 予小子 祇謁 齋厚兩寢 仍拜古都 文廟 歷瞻 穆淸殿 又覽善竹橋 血痕 宛然如新 嗚呼 公之精忠道德 自不覺興感尊慕於五百載之下 眞東方大賢之宗也 予小子 安得不以公爲師乎 敬次英廟詩一句 敢効繼述之義

皇朝崇禎紀元後二百四十五年春立

---

3 팔갑八甲: 여덟 번의 회갑回甲, 곧 4백 80년.
4 후릉厚陵: 정종과 정종비 정안왕후定安王后의 능. 풍덕豊德 동쪽 흥교동興敎洞, 지금의 개풍군開豊郡 흥교면에 있다.

역사기행 한시선집
선죽교

초판1쇄 발행 2016년 9월 20일

편 역 홍순석
펴낸이 홍종화

편집주간 박호원
편집 · 디자인 오경희 · 조정화 · 오성현 · 신나래 · 이상재 · 남지원
관리 박정대 · 최기엽

펴낸곳 문예원
출판등록 제317-2007-55호
주소 서울 마포구 토정로 25길 41(대흥동 337-25)
전화 02) 804-3320, 805-3320, 806-3320(代)
팩스 02) 802-3346
이메일 minsok1@chollian.net, minsokwon@naver.com
홈페이지 www.minsokwon.com

ISBN 978-89-97916-78-8
SET 978-89-97916-80-1 94810

ⓒ 홍순석, 2016
ⓒ 문예원, 2016, Printed in Seoul, Korea

저작권법에 의해 한국 내에서 보호를 받는 저작물이므로 무단전재와 복제를 금합니다.
이 책 내용의 전부 또는 일부를 이용하려면 반드시 저작권자와 문예원의 서면동의를 받아야 합니다.
이 도서의 국립중앙도서관 출판시도서목록(CIP)은 서지정보유통지원시스템 홈페이지(http://seoji.nl.go.kr)와
국가자료공동목록시스템(http://www.nl.go.kr/kolisnet)에서 이용하실 수 있습니다. (CIP제어번호 : CIP2016020805)

책 값은 뒤표지에 있습니다.
잘못된 책은 바꾸어 드립니다.

선생님, 건강하게 살려면 어떻게 해야 해요?

제1판 제1쇄 발행일 2023년 9월 23일

기획 | 시민건강연구소, (주)고래가그랬어, 책도둑(김민호, 박정훈, 박정식)
글 | 권세원, 김성이, 김유미, 김태현, 류재인, 문다슬, 박진욱, 서상희, 오로라, 이주연, 임소형, 전수경, 정혜승
그림 | 이연정
디자인 | 이안디자인
펴낸이 | 김은지
펴낸곳 | 철수와영희
주소 | 서울시 마포구 월드컵로 65, 302호(망원동, 양경회관)
전화 | 02-332-0815
전송 | 02-6003-1958
전자우편 | chulsu815@hanmail.net
등록 | 제319-2005-42호
ISBN 979-11-88215-97-3   73510

ⓒ 시민건강연구소, 이연정 2023

* 이 책에 실린 내용 일부나 전부를 다른 곳에 쓰려면 반드시 저작권자와 철수와영희 모두한테서 동의를 받아야 합니다.
* 잘못된 책은 출판사나 처음 산 곳에서 바꾸어 줍니다.
* 철수와영희 출판사는 '어린이' 철수와 영희, '어른' 철수와 영희에게 도움 되는 책을 펴내기 위해 노력합니다.

어린이제품 안전특별법에 의한 기타 표시사항
제품명 도서 | **제조자명** 철수와영희 | **제조국명** 한국 | **전화번호** (02)332-0815 | **제조연월** 2023년 9월 | **사용연령** 8세 이상
주소 04018 서울시 마포구 월드컵로 65, 302호(망원동, 양경회관)
주의사항 종이에 베이거나 긁히지 않도록 조심하세요. 책 모서리가 날카로우니 던지거나 떨어뜨리지 마세요.

**선생님,
건강하게 살려면
어떻게 해야 해요?**

선생님, 건강하게 살려면 어떻게 해야 해요?
— 건강을 통해 바라본 세상

기획 | 시민건강연구소
글 | 권세원, 김성이, 김유미, 김태현, 류재인, 문다슬, 박진욱,
    서상희, 오로라, 이주연, 임소형, 전수경, 정혜승
그림 | 이연정

철수와영희

[머리말]

우리 모두 함께 건강하게
지낼 수 있는 방법을 찾아봐요

여러분, 만나서 반가워요!

건강하게 잘 자라라는 말, 익숙하지요? 건강하게 하루하루를 잘 지내는 것은 중요해요. 이 말의 뜻을 생각해 볼까요? 아프거나 다치지 않기, 편식하지 않고 골고루 잘 먹기, 친구들과 잘 놀기, 규칙적으로 운동하기 등 다양한 의미를 떠올릴 수 있을 거예요.

이처럼 건강하게 지내기 위해서는 여러분의 노력도 중요하지만, 그보다 더욱 중요한 것이 있어요. 여러분이 노력하지 않아도 건강하게 생활할 수 있는 사회적 환경이에요. 그리고 건강하게 생활할 수 있는 환경이 사는 동네, 성적, 학교, 성별, 나이, 장애, 국적, 부모님의 직업에 따라 달라서는 안 돼요. 이런 환경은 국가와 사회의 노력을 통해 만들 수 있어요. 이런 환경을 만들어 달라고 요구하는 것은 여러분의 당연한 권리고요!

이 책에서는 여러분, 가족, 친구, 동네 이웃 등 함께 살아가는 우리 모두의 건강에 관해 이야기해 보려 해요. 건강이 무엇인지, 우리가 아픈 이유는 무엇인지, 건강하게 지낼 수 있도록 돕는 보호 장치에는 어떤 것이 있는지, 그리고 누구에게 어떤 요구를 할 수 있는지 질문하고 답을 찾아보려고 해요.

때로는 딴지를 걸어 볼 거예요. 다친 게 과연 우리 잘못일까요? 다치지 않도록 안전한 동네와 놀이터를 만들어 줄 수도 있을 텐데 말이에요. 왜 누군가는 더 많이 아픈가요? 우리 모두 함께 건강할 수 있을 텐데 말이에요. 우리는 꼭 건강해야만 할까요? 아파도 잘 지낼 방법이 있을 텐데 말이에요.

건강을 통해 세상을 바라보면 또 다른 풍경이 펼쳐질 거예요. 여러분이 새로운 세계를 상상하는 데 이 책이 도움이 되길 바라요.

시민건강연구소 드림

머리말 우리 모두 함께 건강하게 지낼 수 있는 방법을 찾아봐요 _ 6

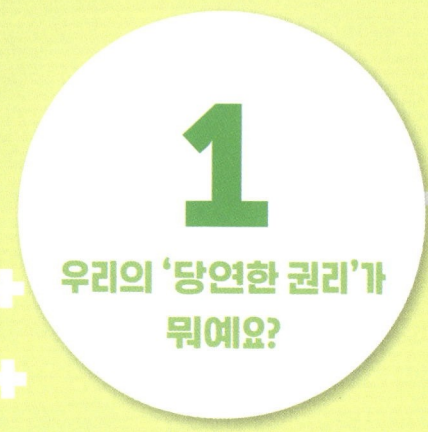

1
우리의 '당연한 권리'가 뭐예요?

1. '아프면 쉴 권리'가 있다고요? _ 14
2. 우울감을 어떻게 하면 줄일 수 있을까요? _ 17
3. 어린이도 '번아웃'이 올 수 있다고요? _ 20
4. 파업이 헌법에서 보장한 당연한 권리라고요? _ 23
5. '행복하게 살 권리'를 어떻게 지킬 수 있을까요? _ 26
6. 집이 사고파는 상품이 아니라고요? _ 29
7. 몸이 아프지 않으면 건강한 걸까요? _ 32

2

일터에서 어떻게 건강을 지킬 수 있을까요?

8. 스마트폰을 만들다 시력을 잃은 사람이 있다고요? _ 38
9. 5월 1일 노동절을 왜 '근로자의 날'이라고 하나요? _ 41
10. 급식 조리사 선생님의 일과 암이 관련이 있나요? _ 44
11. 일하다 다치는 것은 노동자가 조심하지 않았기 때문일까요? _ 47
12. 일터에는 화장실과 휴게실이 있어야 한다고요? _ 50
13. 왜 엄마들에게 '명절증후군'이 많이 생길까요? _ 54
14. CCTV로 일하는 사람을 감시한다고요? _ 57

3
건강한 역량을 어떻게 키울 수 있을까요?

15. 개인정보를 알려 준 제 잘못이 아니라고요? _ 62
16. 스마트폰 사용 시간을 줄이는 방법이 있다고요? _ 65
17. 어른들이 알아서 잘 결정한다고요? _ 68
18. 코로나19로 양치질을 더 적게 하게 됐다고요? _ 71
19. '잘 읽는' 방법이 있나요? _ 74
20. 칫솔질에 남녀 차이가 있다고요? _ 77
21. '역량'을 키운다는 건 무슨 뜻인가요? _ 80

4

어떻게 '함께' 건강할 수 있을까요?

22. 왜 소크 박사는 소아마비 백신에 특허를 내지 않았나요? _ 86
23. 태일이 삼촌은 누구예요? _ 90
24. 다문화 가족 친구들과 어떻게 잘 지내나요? _ 94
25. 헌법을 모르는데, 어떻게 원칙을 지켜요? _ 97
26. 왜 내 병원비를 나라에서 함께 내 주나요? _ 100

5

지구의 건강을 어떻게 지킬 수 있을까요?

27. 일회용 쓰레기를 어떻게 줄일 수 있을까요? _ 106
28. 이상 기후를 막을 수 있는 방법이 있을까요? _ 109
29. 물과 공기를 가로지르는 차가운 총알이 있다고요? _ 112
30. 재난이 어쩔 수 없는 일이 아니라고요? _ 115

1
우리의 '당연한 권리'가 뭐예요?

1 '아프면 쉴 권리'가 있다고요?

 아파도 쉬지 않고 학교에 갔던 경험이 있니? 수업에 집중도 안 되고, 친구들과 어울려 노는 것도 힘들었을 거야. 만약 감염병에 걸렸다면, 다른 사람에게 옮길 수 있어서 더 위험해. 매일 아침 일터로 출근하는 노동자라고 상상해 봐. 어느 날 열이 나고 기침을 하고 목이 아프다면 어떻게 행동해야 할까? 집에서 충분히 휴식을 취하고,

필요하다면 치료를 받아야겠지.

아플 때 쉬는 건 모두의 권리야. 하지만 여전히 많은 노동자가 이 권리를 보장받지 못하고 있어. 우리나라의 근로기준법에서는 아플 때 쉴 권리인 병가를 보장하지 않고 있거든. 병가는 정신적·육체적 질병으로 인해 일정 기간을 쉴 수 있도록 해 주는 휴가야. 법이 보장하지 않으니, 각자 다니는 회사에서 이 휴가를 보장해 주기를 바라는 수밖에.

더 중요한 문제도 있어. 병가를 쓸 수 있어도 무급 휴가라서 따로 임금을 주지 않는다면? 치료비 부담에 경제적 어려움마저 겪어야 한다면, 차라리 아파도 쉬지 않고 일하겠다는 사람이 많을 거야. 아플 때 '제대로' 쉬려면 소득이 있어야겠지? 많은 시민 단체에서 병가 때에도 급여를 줘야 하고, 아픈 노동자의 소득을 일부 보장하는 '상병 수당'도 있어야 한다고 주장해. 아픈 노동자는 쉴 수 있어야 하고, 생계유지를 위한 소득도 보장받아야 한다는 거야. 한 연구 결과를 보니, 한국 전체 노동자의 7.3퍼센트만 아파서 쉴 때 임금을 보장받는 '유급 병가'를 쓸 수 있대. 우리와 경제 수준이 비슷한 나라 중에서, 유급 병가와 상병 수당을 법으로 보장하지 않는 곳은 한국뿐이야.

코로나19가 한창 유행할 때, 정부는 '증상이 있으면 등교나 출근을 하지 말고, 집에서 충분히 휴식'하라고 권했어. 지역사회에 전파하는 것을 예방할 수 있는 가장 기본적인 방법이었으니까. 감염병으로 인한 입원 또는 격리 생활을 하는 동안에는 급여를 받으며 휴식할 수 있게 했어. 감염병을 핑계 삼아 노동자를 부당하게 해고하는 것도 금지했지. 아픈 노동자가 충분히 쉬고 회복할 권리를 보장해야 감염병의 전파를 막을 수 있기 때문이야.

우리는 여러 원인으로 언제든 아플 수 있어. 교통사고를 당해 입원하거나, 심각한 질병에 걸리거나, 오랜 시간 우울한 기분을 느낀다면, 충분히 쉬면서 회복할 시간과 생활할 돈을 보장 받아야 해. 아파도 쉬지 못하고 일해야 하는 상황, 아파서 경제적으로 어려워지는 일은 없었으면 해. 아프면 쉬는 것, 우리 모두의 권리야.

2 우울감을 어떻게 하면 줄일 수 있을까요?

　오늘 기분 어때? 뭔가 신나는 일이 있어서 기분이 좋을 수도 있고, 하기 싫은 일이나 걱정스러운 일 때문에 안 좋을 수도 있을 거야. 딱히 그럴 만한 이유가 없는데 우울하기도 하고 즐겁고 행복하기도 해.
　우울함은 사람마다 조금 다른 모습으로 나타나는데, 특별한 이유 없이 슬픔을 느끼거나 작은 일에 크게 슬픔을 느끼기도 해. 에너지가 너무 부족해서 무엇인가를 시도할 기운이 없는 상태가 여러 날 이어질 때도 있고, 나를 쓸모없는 사람으로 생각하며 가치 없는 존재로 느끼기도 해. 특별한 잘못이 없는데도 자신을 탓하며 죄책감을 갖기도 해. 어떨 때는 두통이나 소화불량과 같이 신체 증상으로 나타나거나, 잠을 못 자기도 하지. 우울은 마음의 감기라고 할 만큼 많은 사람이 살아가면서 한 번쯤 겪어. 사람마다 경험하는 우울의 강도는 다르지만 말이야.
　'코로나 블루'에 대해 들어 봤니? '코로나 블루'는 코로나19 감염증이 유행한 뒤 감염에 대한 불안과 사회적 분위기 때문에 겪는 우울감을 뜻해. 코로나19 확산으로 인해 사회적 거리 두기가 계속 이어지면서 사람들과의 만남이 줄었고, 그 와중에 우울감이나 불안감을

경험한 사람이 두 배 이상 늘었대. 친구들도 학교에 가는 횟수가 줄고 온라인 수업을 주로 하면서, 우울함을 느낀 적이 있었을 거 같아.

우울감을 줄이는 방법을 몇 가지 알려 줄게.

첫째는 우울감을 낮추고 행복감을 높이는 것으로 알려진 세로토닌 호르몬을 높이는 방법이야. 혼자서도 할 수 있어서, 가장 쉽지. 잠시 밖에 나가서 환한 햇빛을 맞아 봐. 집 베란다나 창가도 괜찮아. 햇빛만 있으면 되거든. 또 학교에 가거나 심부름을 하거나 반려동물과 산책할 때 30분 정도 바람을 쐬며 걷는 거야. 어때? 지금 바로 해 볼 수 있겠지?

둘째는 옥시토신 호르몬을 늘리는 방법인데, 옥시토신도 행복감을 높이는 호르몬으로 알려졌어. 같이 이야기를 나누면 기분이 좋아지는 사람이 있니? 친구도 좋고, 부모님이나 동네 선배나 동생도 좋아. 친한 사람과 이야기를 나누면서 서로 손을 잡거나 두 팔을 벌려 안아주는 거야. 누구 생각나는 사람 있니? 전화 한번 걸어 봐.

마지막으로 세로토닌과 옥시토신 호르몬을 모두 높이는 방법인데, 누군가를 돕는 거야. 누구든 어떤 도움이든, 그 도움이 크든 작든 상관없어. 내가 다른 사람에게 도움이 되는 경험을 하면 두 가지 호르몬이 모두 높아진다고 하거든. 우리는 항상 누군가와 도움을 주고받으며 세상을 살아가. 이런 도움을 주고받는 행동이 우리의 행복감까지 높여 준다니, 좀 멋진 거 같아.

3. 어린이도 '번아웃'이 올 수 있다고요?

아무것도 하기 싫고 누워만 있고 싶을 때가 있어. 누구나 한 번씩은 있는 것 같아. 선생님은 몇 년 전에 '번아웃'이 와서 병원 진료까지 받았어. 이때 번아웃 증상은 한 번씩 누워 있고 싶은 게 아니라 계속 누워 있고 싶은 거였어.

번아웃은 2019년 5월에 세계보건기구(WHO)에서 정한 국제 질병 분류에 새롭게 추가된 말이야. 세계보건기구는 번아웃을 '성공적으로 관리되지 않은 만성적 직장 스트레스로 인한 증후군'으로 정의했어. 과도한 업무로 인해 심리적으로 소진된 상태라는 거지.

직장 생활을 하는 어른한테만 해당하는 게 아니야. 어린이나 청소년도 번아웃이 올 수 있어. 성적을 위해서 매일 학원과 학교를 다람쥐 쳇바퀴 돌 듯하고, 오랜 시간 책상에 앉아 있고, 친구들과 수다를 떨거나 야외에서 뛰어놀 시간이 부족하고, 거기다 8시간 이상 잠을 자지 못해 수면까지 부족하면 번아웃이 올 수도 있어.

혹시 스스로 게으르다고 생각하니? 아침에 못 일어나겠고, 아무것도 하기 싫고, 뭘 해도 안 될 것 같고, 게임에 지나치게 몰입해서 부모님께 혼나는 게 일상이니? 그렇다면 번아웃을 의심해 볼 수 있어.

 인터넷 동영상을 하루 몇 시간씩 보고 있다거나 게임을 오래 하는 과도한 습관성 행동 역시 번아웃 증상이라고 해. 이것을 '무의식적 보상 심리에 의한 행동'이라고 하는데, 문제는 이런 행동이 피로를 더욱 심하게 하지, 풀어주지 않는다는 거야.

 사실, 스스로 번아웃이라는 의심을 하기는 쉽지 않아. 주변에 나보다 열심히 사는 사람이 훨씬 많으니까. 게다가 나는 친구보다 공부도 안 하고, 못하기도 하단 말이지. 그런 내가 번아웃이라니, 부끄럽다는 생각이 들기도 해. 선생님이나 부모님께 도움을 요청하면 '네가 한 게 뭐가 있다고!', '게임만 하면서 뭐가 힘들다는 거야.' 같은 비난이 돌아올 것만 같은 생각이 들어.

그런데 아픈 데 자격이 필요한 것은 아니잖아. 옆 친구보다 내가 그다지 열심히 하지도 않는 것 같으니 아플 자격이 없는 것처럼 느낄 수도 있지만, 그렇다고 정말 아프면 안 되는 게 아니야. 번아웃을 방치하면 우울증이 올 수도 있어. 여기저기 몸이 아프게 되기도 해. 무엇보다 행복하게 보내야 할 어린이·청소년 시기를 무감한 상태로 보내고, 삶의 즐거움을 대학 입시 이후로 미뤄 버리게 돼.

만약 스스로 번아웃이라는 생각이 든다면, 어떻게 하면 잘 쉴지 고민했으면 좋겠어. 번아웃은 잘 쉬어야 이겨 낼 수 있어. 아무 것도 하지 않고 가만히 누워만 있는 게 잘 쉬는 건 아니야. 내 몸과 뇌가 잘 쉰다는 느낌을 받으려면 8시간 이상 잘 자야 하고 영양가 있는 식품을 골고루 섭취해야 해. 좋아하는 취미 생활도 가끔 하는 게 좋아. 규칙적으로 밝은 햇살을 만끽하며 산책을 하거나 운동을 하고, 자주 자연을 접하는 것도 큰 도움이 돼. 친구들과 함께 수다를 떠는 등 즐겁게 지내는 것은 당연히 도움이 되겠지. 번아웃을 이겨 내는 습관은 번아웃을 예방하는 습관이기도 하다는 걸 잊지 마.

4 파업이 헌법에서 보장한 당연한 권리라고요?

파업이라는 말, 들어 봤니? 엄마나 아빠, 혹은 아는 사람이 파업에 참여한 적이 있니? 뉴스를 보다 보면 파업 이야기가 자주 나오지. 예를 들면, 지난 2022년 7월 뉴스에는 현대자동차 노동조합에서 파업을 결정했다는 보도가 있었어. 노동자들이 임금을 올려 달라는 요구를 했고 회사에서는 받아들이지 않았어. 그러자 노동조합에서는 파업을 할지 말지에 대해 조합원을 대상으로 투표를 진행했고, 다수가 찬성했어. 이때 뉴스에는 임금을 올리기 위해 거제도의 조선소에서 한 달째 파업하고 있다는 기사와 레미콘운송노동조합이 제대로 된 운반 비용을 받지 못해 레미콘 회사에 운송료를 올려 달라고 요구했으나 받아들여지지 않아 파업을 시작했다는 기사도 있었어.

파업은 '노동 조건의 유지 및 개선을 위하여, 또는 어떤 정치적 목적을 달성하고자 노동자들이 집단적으로 한꺼번에 작업을 중지하는 행위'야. 많은 파업이 회사에서 노동자의 임금을 적정하게 주지 않아서 일어나. 부당한 일을 당했을 때도 노동자는 파업할 수 있어. 회사에서 근로 기준을 지키지 않은 채 일을 하라고 할 때, 일하다가 다쳤는데 제대로 된 치료비를 받지 못할 때, 몸이 아픈데 회사에서 쉬

지 못하게 할 때 파업을 하기도 해.

 파업을 보는 관점은 사람마다 달라. 노동자를 고용하는 위치에 있다면, 임금을 올려 달라는 요구가 부정적으로 느껴질 수 있어. 반대로 회사로부터 월급을 받는 위치인데 몇 년째 월급이 오르지 않았다면 파업을 긍정적으로 보겠지. 파업이 옳다 그르다 다투기 전에, 파업에 관해서 우리는 어떻게 여기고 있는지부터 생각해 봤으면 해.

 흔히들 말하는 것처럼 파업은 무조건 나쁘고, 불법인 걸까? 이 세상에 100개의 회사가 있다면 100개의 갈등이 있고, 100개의 파업이 있을 거야. '파업은 무조건 나빠!'라는 식의 생각으로는, 사람들이 왜 파업을 하려고 하는지에 대해 제대로 알 수 없어. 노동자의 입장과 회사의 입장 모두를 들어 보고 판단해야 해.

파업은 대한민국 「헌법」에서 정한 노동자의 정당한 권리 중 하나야. 대한민국 「헌법」 제33조에는, '노동자는 노동 조건의 향상을 위하여 자주적인 단결권과 단체교섭권 및 단체행동권을 가진다.'라는 내용이 나와 있어. 교과서에서도 이것을 '노동 3권'이라고 설명하고 있어. 노동자들이 임금, 노동 시간, 산업 안전과 보건의 개선을 요구하고 이 요구가 받아들여지지 않았을 때 파업하는 건, 헌법에 나와 있는 정당한 권리야.

친구들도 앞으로 일을 하고 직업을 갖게 되겠지. 어쩌면 임금이 오르지 않아 화가 날 수도 있고, 부당한 일을 당할 수도 있어. 세상 곳곳에서 노동하며 사회가 돌아가도록 하는 노동자들의 파업은 남의 일이 아닌 우리 모두의 일이야. 앞으로 파업에 관한 소식을 들으면, 어떤 상황에서 누가 무엇을 요구했는지 잘 알아보고, 그래서 나는 어떤 의견을 가질지 곰곰이 생각해 보면 좋겠어.

5 '행복하게 살 권리'를 어떻게 지킬 수 있을까요?

 오늘도 행복한 하루 보냈어? 하루하루 어떤 것이 우리를 행복하게 해 주었을까? 쉬는 시간 친구들과 맛있는 과자를 나눠 먹을 때, 받아쓰기 시험에서 100점을 맞았을 때, 선생님께 칭찬받았을 때, 체육 시간에 달리기를 멋지게 해냈을 때 등 우리를 행복하게 하는 많은 일이 있어.

 그런데 한국에 사는 어른들은 행복하지 않대. 38개 부자 나라(OECD) 중에서 한국 사람의 행복지수는 3년(2019~2021년) 동안 10점 만점에 평균 5.9점이었는데, 끝에서 세 번째야. 코로나19가 시작되고 나서는 행복지수가 더 낮아졌어. 어른뿐만이 아니야. 어린이들이 행복한 정도도 주변 35개 나라 가운데 서른한 번째래. 한국 어린이 다섯 명 중 한 명은 행복하지 않다고 말했대. 우리가 행복하지 않은 것은 특별히 불평불만이 많아서일까?

 우리가 알고 있는 것 말고도, 우리를 행복하게 하는 것은 아주 다양해. 행복을 뭐라고 생각하는가 하는 기준부터 내가 어떤 곳에서 살고 있는지에 따라 달라지지. 어떤 나라에 사는 친구들은 시험에서 100점을 맞지 않아도 행복하다는 이야기, 들어 봤지? 행복은 내 감정

만으로 느끼는 것이 아니라 다른 사람들로부터 느낄 수도 있고, 우리가 속해 있는 집단이나 사회를 통해서도 느낄 수 있어.

한국의 「헌법」 제10조에는 '모든 국민은 인간으로서의 존엄과 가치를 가지며, 행복을 추구할 권리를 가진다.'고 적혀 있어. 행복을 추구할 권리는 국가가 보장해야 한다는 뜻이야. 하지만, 우리 사회에는 여전히 법과 제도의 보호를 받지 못해서 행복하지 않은 사람들이 많아. 안전하고 편히 쉴 수 있는 집이 없는 사람들, 휠체어를 탄 채로 대중교통을 이용하기 어려운 사람들, 돈이 없어 끼니를 못 챙겨 먹는 사람들, 아픈데 쉴 수 없는 사람들…. 모두 '행복하게 살 권리'를 보호받지 못하고 있어.

'차별금지법'이 제정된다면 한국에 살면서도 외국인이라는 이유만으로 차별받는 사람들의 행복을 지켜 줄 수 있어. '의료급여제도'를 더 많은 사람이 이용할 수 있다면, 돈이 없어서 아파도 치료받지 못하던 사람들이 의료비 걱정을 덜면서 치료받을 수 있게 될 거야. 아마 우리가 행복하지 않은 건 긍정적으로 생각하지 못해서가 아니라 법과 제도가 행복을 지켜 주지 못한 것일지도 몰라.

우리가 더 행복하기 위해서는 국가가 행복하지 않은 사람을 보호하고 모두의 행복을 위해 더 다양한 역할을 해야 해. 우리가 행복하지 않다고 느낄 때, 내 탓이니까 무조건 스스로 해결해야 한다고 생각하기보다는, 국가가 우리의 행복 추구권을 지켜 주지 못하는 셋일 수도 있다고 생각해 봤으면 해.

6 집이 사고파는 상품이 아니라고요?

지난밤에 단꿈 꾸면서 잘 잤니? 몇 시쯤 무얼 하다가 자? 혼자 잠도 자고 숙제도 하는 나만의 방을 가진 친구도 있겠지만, 형제자매랑 방을 같이 쓰는 친구도 많지? 선생님도 어릴 때 동생이랑 한방을 쓰면서 온갖 사소한 일로 티격태격했어.

친구들은 집을 떠올리면 무슨 생각이 나? 코로나19 때문에 많은 시간 집에서 원격 수업을 하면서 지내 본 경험으로 집에 대해 할 말이 좀 많을 것 같은데 말이야. 선생님한테 집은 비나 눈을 맞으면 마른 옷으로 갈아입고 쉴 수 있고, 일이 끝나고 돌아가면 산책 가자고 반기는 강아지가 있고, 잠이 안 오면 밤늦게 혼자 라면을 끓여 먹고 늦잠 자고 일어나도 되는 그런 공간인 것 같아. 그리고 도시에 살면서 이사를 여러 번 했기 때문에, 이사 걱정 없이 살 수 있는 집이 있으면 좋겠다는 생각도 많이 해.

사람들이 저마다 떠올리는 집의 모양이나 기능은 조금씩 다를 수 있어. 그렇지만 공통으로 집은 몹시 덥거나 추운 날씨를 안전하게 피할 수 있고, 사는 데 필요한 최소한의 면적이어야 하고, 금방 옮겨 가지 않아도 되는 안정된 곳이어야 한다고 생각할 거야. 그런 집이

있은 다음에, 나만의 관심과 삶에 대한 경험을 쌓아 가며 세상 어디에도 없는 내 집을 만드는 거지. 만일 그 세 가지 중에 하나라도 없다면 끼니때 밥을 잘 챙겨 먹는 일이나 집에 친구를 초대하는 일이 어려울 수 있어.

사람들이 건강과 복지에 적합한 생활 수준을 누릴 수 있는 집에 관한 권리를 '주거권'이라고 해. 집은 인간답게 사는 데 너무나도 중요한 기본 요건이라서, 나라에서 주거권을 보장하는 책임을 지도록 하고 있어.

안정적으로 살 수 있는 집이 없으면 어떤 일들이 일어날까? 집을 잃은 사람들은 가족과 뿔뿔이 흩어져 살거나, 마땅한 곳을 얻을 때까지 보호소에서 생활할 수도 있어. 집이 없다는 게 정신적으로 심한 스트레스를 주고, 안전하고 쾌적하지 못한 환경은 신체적 질병을 생기게 하기도 해. 적절한 집이 없을 때 또는 주거 비용에 대한 부담이 너무 클 때, 갑자기 오른 집값 때문에 원하지 않는데 이사해야 하는 경우에 사람들에게 미치는 나쁜 영향이 많이 알려지고 있어. 이건 한국뿐 아니라 외국도 마찬가지야.

그래서 이제는 집을 사람들이 사고파는 상품으로 보지 말고, 주거권을 모든 사람의 안전과 안정을 위한 인권으로 보장하자는 주장을 하는 사람이 많아. 친구들은 아직 집을 사고팔거나 이사를 하는 결정을 하진 않아. 그렇지만, 곧 공부를 마치고 독립할 때가 되면 나만의 집을 갖는 것에 관해 많이 고민하게 될 거야. 잊지 말아야 할 것은 누구나 인간다운 생활을 할 수 있는 집에 대한 권리가 있다는 거야. 우리는 민달팽이가 아니라 달팽이처럼 집을 가지고 살아야 하니까.

7 몸이 아프지 않으면 건강한 걸까요?

'건강하세요.'라는 말, 어떨 때 써? 인사말로 쓰기도 하고, 상대가 아프지 않았으면 하는 마음의 표현일 때도 있고, 상대의 안부를 바라는 뜻으로 쓰기도 해. 당신이 잘 지냈으면 좋겠다는 의미를 담아서 말이야.

건강은 도대체 뭘까? 몸이 아프지 않은 것일까? 하루하루를 잘 보내는 것일까? 1948년 세계보건기구는 건강을 '단순히 병이나 허약함이 없는 상태가 아니라 신체적·정신적·사회적으로 완전히 안녕한 상태'라고 정의했어. 여기서 안녕하다는 건 아무 탈 없이 편안하고 행복하다는 것을 뜻해. 이제는 70년이 넘은 오래된 정의지만, 발표될 당시만 해도 매우 파격적이었어.

신체적인 문제로만 생각되던 건강을 신체와 정신뿐 아니라, 사회적 차원으로 확대했기 때문이야. 이 정의가 만들어진 시기는 제2차 세계 대전이 끝난 바로 뒤였어. 전쟁이 많은 사람의 생명을 앗아가고 고통스럽게 한다는 것을 모두가 알게 됐지. 건강에 사회적 차원을 포함한 덕분에 전쟁과 빈곤, 경제적 불평등, 사회적 고립과 같은 사회적 문제들이 건강을 결정한다는 생각이 확대될 수 있었어.

하지만, 이러한 의의에도 불구하고 세계보건기구의 건강 개념은 많은 비판을 받아 왔어. 무엇 때문이었을까? '완전한' 안녕이라는 부분이 특히 문제가 되었어. 그런 상태에 있는 사람이 몇이나 될까? 우리는 언제든 병에 걸리거나, 나이가 들거나, 사고를 당하면 무탈하지 않은 나날을 보내게 돼. 건강이 완전무결한 상태라면, 대다수가 건강하지 않은 사람으로 분류될 거야.

이러한 구분은 자칫 건강하지 않은 사람들에 대한 차별로 이어질 수도 있어. 건강은 아주 좋은 것처럼 여겨지지만, 건강하지 못한 건 열등하고 나쁜 것으로 취급할 수 있으니까. 예를 들어 학교에서 건강하지 않다는 이유로 학급 친구를 놀리거나 괴롭히는 일이 벌어지기도 해. 유네스코에 따르면 장애가 있는 학생이 그렇지 않은 학생보다 학교 폭력과 따돌림의 피해자가 될 확률이 훨씬 높았어. 노동자들은 건강하지 않다는 이유로 직장에서 해고되기도 해. 젊은 시절 건강을 자부하던 사람들도 나이가 들고 아프면 사회에서 설 자리를 잃고, 존중받지 못하는 상황들 속에서 서럽고 화나는 기분을 마주하게 될 수 있어.

결국, 건강이란 개념은 한편으로는 우리가 모두 함께 도달하면 좋을 목표 지점을 알려주지만, 다른 한편으로는 '건강'과 '건강하지 못함' 사이의 등급을 만들며 차별의 도구가 되기도 해. 이러한 차별은 정당할까? 모두가 건강을 우러러보는 사회에서는 아픔·질병·장애가 있는 삶이 부정될 수도 있어. 그래서 우리에게 진정 필요한 건 '건강할 권리'가 아니라 '잘 아플 권리'라는 주장을 하기도 해.

  건강이란 말에 어떤 의미가 담기는지는 아주 중요해. 우리가 공유하는 건강의 뜻, 건강의 정의가 그에 관한 우리의 행동을 좌우하니까. 건강이라는 개념은 고정되어 있지 않고 변화해. 우리가 그 개념을 다르게 정의하고, 다르게 쓴다면 건강의 의미도 변할 거야. 그동안 건강을 뭐라고 생각했어? 어떻게 정의하면 좋을까? 친구들의 생각이 궁금해.

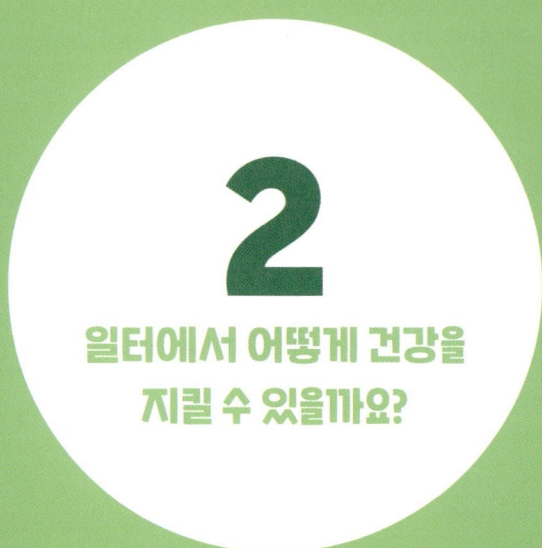

2

일터에서 어떻게 건강을 지킬 수 있을까요?

8 스마트폰을 만들다 시력을 잃은 사람이 있다고요?

 알바('아르바이트'의 준말)를 하러 갔다가 시력을 잃게 된 사람들의 이야기를 들어 본 적 있니? 2015년에 일어났지만 아직도 끝나지 않은 일이야. 잠시라도 곁에 없으면 '멘붕'에 빠질 것 같은 스마트폰, 친구들도 갖고 있니?

 스마트폰에 들어가는 부품을 만드는 작은 공장이 있어. 하청 공장이라고 해. 삼성·엘지·애플 같은 큰 회사는 기술을 갖고 있고, 직접 물건을 만드는 건 대부분 하청 공장에서 해. 큰 하청 공장은 다시 작은 공장들에 부품 생산을 맡기고, 작은 공장들은 인터넷에서 알바를 모집해 부품을 만들지.

 스마트폰 모델이 바뀌면 부품도 바꿔야 해. 하지만 모델이 바뀌는 시기는 대략 예상만 할 뿐 정확히 알 수 있는 게 아니야. 그러니 작은 공장들은 사람을 직접 정규직으로 고용하기보다는 일이 많아지면 그때만 단기 계약 형태로 많이 뽑아서 쓰다가, 일이 줄면 내보내고 싶어 해. 이렇게 회사 마음대로 사람을 쓰면 일자리가 필요한 사람들은 생활을 예측하기가 어렵고 임금도 낮아지니까 정부가 제도를 만들어서 감독하지.

　　인터넷으로 공장 알바 일을 구해 일하러 간 20대, 30대 이모·삼촌들이 있었어. 그저 알바라고 가볍게 생각하고 갔는데, 시력을 완전히 잃는 일이 일어났어.
　　스마트폰을 만들려면, 설계대로 부품을 틀에 찍어 내고 세척하는 과정을 거치는데, 이때 화학 물질을 많이 써. 부품을 알코올에 담갔다가 꺼내는 공정에서, 상대적으로 안전한 에탄올을 쓰지 않고, 값이 조금 더 싼 메탄올을 썼대. 이모·삼촌들은 메탄올 용액에 부품을 세척하면서 보호 장비 없이 맨몸으로 일했고, 메탄올 수증기가 피부와 눈에 닿게 되었어. 메탄올은 시신경을 상하게 해서 시력을 앗아가는 독성이 강한 물질이야. 일하던 사람들이 쓰러지고 병원에서 눈을 떴을 때는 앞이 보이지 않았어. 시력을 잃은 거야. 사고를 당한 여섯 명 중에는 일한 지 겨우 4일밖에 안 된 이모도 있었어. 한 공장에서 일어난 일이 아니야. 서로 다른 공장에서 일하던 여섯 명에게 같은 일이 일어났어.

부품 공장들은 일하는 사람의 몸에 끼칠 나쁜 영향보다, 조금이라도 싸게 만들어서 이윤을 남기는 데만 몰두했어. 시력을 잃기를 바라진 않았겠지만, 일하는 사람의 건강을 생각하지도 않았어. 대기업은 하청 공장에 생산만 맡겨 놓고 노동 조건을 모른 척했어. 감독해야 하는 정부도 제 역할을 하지 않았어. 누구도 잠깐 일하고 떠나는 알바 노동자를 신경 쓰지 않았지.

지금도 어느 공장에서는 위험하거나 몸에 해로운 환경에 노출된 사람들이 있을지 몰라. 시력을 잃은 여섯 명의 이야기를 담은 『실명의 이유』라는 책이 2018년에 나왔고, 2020년에는 『문밖의 사람들』이라는 제목의 만화책으로 나왔어.

9 5월 1일 노동절을 왜 '근로자의 날'이라고 하나요?

5월 1일은 노동절이야. 5월 5일 어린이날은 어린이들의 인권을 존중하기 위한 날이고, 노동절은 노동자들이 존중받으며 일하는 권리를 보장하기 위한 날이야. 이런 날이 생겼다는 건 그만큼 많은 어린이와 노동자가 오랜 시간 인간으로서 당연히 가지는 기본적 권리를 누리지 못했다는 거야. 그리고 이들의 권리를 보장하는 사회를 만들기 위해 앞장선 사람들이 없었더라면 어린이날과 노동절은 생기지 못했을 거고. 그런데 뭐지? 달력에 5월 1일이 노동절이 아니라 '근로

자의 날'이라고 적혀 있잖아. 어떻게 된 걸까?

　노동과 근로, 두 말 모두 '일하는 사람'을 가리킨다는 점에서 큰 차이는 없어. 하지만 사전을 찾아보면 작지만 중요한 차이점을 발견할 수 있어. 근로는 '부지런히 일함'을 뜻해. 여기서 한 가지 궁금증이 생겨. 누구를 위해, 무엇을 위해 '부지런히' 일하는 걸까? 근로라는 말에는 일하는 이유와 목적이 분명하게 드러나지 않아. 이런 허점을 노려서 일하는 사람을 마치 주인을 위해 부지런히 일하는 노예처럼 마구 부리거나 이용하려고 '근로자'라는 말을 만든 거야.

　반면에 노동은 '생활에 필요한 물자를 얻기 위하여 육체적 노력이나 정신적 노력을 들임'을 의미해. 생활을 꾸려 나가기 위해 능동적으로 일하는 노동자는 고용자와 대등한 관계를 맺고 있다는 전제가 깔려 있어. 우리 주변에도 이렇게 노동하는 사람들이 많아. 학교 선생님, 환경미화원, 택배 배달원 모두 노동자야. 우리가 좋아하는 연예인도 당연히 노동자고, 유튜브에서 활동하는 1인 크리에이터도 넓은 의미의 노동자야.

　5월 1일을 근로자의 날로 부르는 나라는 한국밖에 없어. 그런데 한국도 처음부터 그랬던 건 아니야. 우리 사회가 경제를 빠르게 성장시키려고 노동자들에게 희생을 강요하던 때 국가가 의도적으로 근로자라는 말을 쓴 거야. 그때부터 노동은 부적절한 용어라는 오해를 받았어.

당시 노동자들은 쥐들이 우글거리는 현장에서 도저히 사람이 먹을 수 없는 도시락을 먹어야 했어. 크고 무거운 물건을 만드는 중공업 현장은 여성 노동자가 이용할 수 있는 제대로 된 화장실도 갖추지 않았다고 해. 일거리가 많다고 야간노동을 강요받는 날도 헤아릴 수가 없을 만큼 많았어. 안전하고 건강한 일터를 만드는 노력은 '비용'이라고 생각하고 무시해 버리던 시절이었어. 많은 노동자가 일하다 다치고 죽었어. 우리가 노동절을 '근로자의 날'로 부르기 시작한 건, 이때부터야. 국가와 기업은 불평불만 없이 고분고분 부지런히 일할 근로자가 필요했고, 말이 사람들의 생각을 변화시키는 대단한 힘을 갖고 있다는 점을 잘 알았던 거지.

그런데 왜 지금도 노동절을 노동절이라고 부르지 못하는 걸까? 앞으로 매년 5월 1일에는 이 질문을 곰곰이 생각해 봤으면 좋겠어. '노동'을 힘들고 더러운 일로 오해하는 친구가 많다는 이야기를 들었어. 노동자라는 말이 여전히 낯설고 불편하게 느껴지는 것은 결코 우연한 일이 아니야. 우리들의 생각도 이런 사회적 배경에서 만들어지니까. 오늘 이야기를 읽으면서, 노동에 대한 오해가 조금 풀렸길 바라.

10 급식 조리사 선생님의 일과 암이 관련이 있나요?

　오늘은 학교 급식을 만들어 주시는 조리 노동자들을 만난 이야기를 하려고 해. 학교 급식실에서 음식을 조리하는 모습을 본 적이 있니? 큰 스테인리스 조리 도구들 사이로 더운 김이 올라오고 조리사 선생님들이 분주히 움직이는 모습이 떠오를 거야. 점심 급식 메뉴 중에 좋아하는 음식은 어떤 거야? 돈가스·닭튀김·함박스테이크? 나물·샐러드 같은 채소를 좋아하는 친구들도 있겠지?

　선생님이 만난 한 급식 조리사 선생님은 학교 급식이 시작된 1995년부터 초등학교 급식 조리실에서 학생들의 점심을 만드셨대. 거의 30년 가까이 일하셨으니까 정말 많은 초등학생의 점심밥을 지어 주셨을 거야. 이분을 만난 건 학교 급식실에서 일하는 동안 '조리흄'이라는 연기를 오랫동안 마셔서 폐암에 걸리셨기 때문이야.

　튀김이나 굽는 요리를 할 때는 180도가 넘는 끓는 기름에 고기나 생선 같은 재료를 넣거든. 이때 나오는 연기에는 암을 일으키는 물질이 많이 섞여 있대. 그러니까 환기가 잘 돼야 해. 환기가 되다 말거나 환기 시설이 아예 없다면 그 연기를 조리사 선생님들이 마시게 되겠지.

　처음 학교 급식을 시작할 때는 이런 문제에 대해 생각을 못 했어. 폐암에 걸린 조리사 선생님이 일하던 초등학교도 처음에 급하게 가건물을 짓고 급식을 시작했대. 환풍기가 있긴 했는데 고장이 난 채로 몇 년 동안 수리도 안 했다는 거야. 음식을 만드는 일이 위험한 일이라고는 생각도 하지 않았어.

　급식이 만들어지는 급식실의 일과를 살펴볼까. 오전 8시 30분, 그날 메뉴에 따라서 아침에 배달된 재료를 다듬는 일부터 시작해. 다듬은 채소를 씻고, 썰고, 옮기고, 데치고, 무치거나 볶아야 완성이 되지. 국도 끓여야 하고, 고기나 생선을 굽고 튀겨야 해. 적당하게 익었는지, 소스는 너무 졸지 않았는지, 솥을 들여다보고 프라이팬을 들여다봐. 수백 명이 먹을 점심을 12시 전에 만들어야 해. 이 모든 과정에 뜨거운 불이 있어. 조리하는 동안 땀이 너무 많이 나서 하루에 옷을 몇 번씩 갈아입는대. 학생들의 식사가 끝나면 조리 도구를 씻고 소독하고 미끄러운 바닥을 닦고 급식실을 청소해.

 이렇게 하루 일을 마치고 퇴근할 때는 병원에 들르는 분들이 많아. 물리치료를 받거나 침을 맞으면서 조금이라도 몸을 풀어주어야 다음 날 일어날 수 있대. 급식실에 한 사람이 못 나오거나 대신해서 다른 사람이 나오면 호흡이 안 맞아서 힘들고 위험한 상황이 생기기도 해. 날마다 같이하는 사람들끼리는 '척하면 척'인 호흡이 있잖아.

 폐암에 걸린 선생님은 조리실에서 일한 지 20년 정도 되었을 때 건강이 갑자기 안 좋아져서 진료를 받으셨는데 이미 폐암 3기였다고 해. 호흡할 때마다 몸으로 들어가 쌓인 조리흄이 폐암을 일으킨 거야. 지금은 폐암 말기가 되었어.

 전국의 초·중·고등학교에서 폐암에 걸려 산재 승인을 받은 급식 조리사 선생님들은 2021년부터 2년 동안 70명이 넘는다고 해. 조리가 어떤 과정을 거치는지, 공간은 어떻게 만들어야 하는지 생각했다면 조리사 선생님들의 폐암은 막을 수 있었을지도 몰라.

11 일하다 다치는 것은 노동자가 조심하지 않았기 때문일까요?

하루 평균 5명의 노동자가 일터에서 집으로 돌아가지 못하고 있어. 왜냐면 일하다가 죽기 때문이야. 한국의 '산업재해 사망률'은 비슷한 경제 수준의 다른 국가와 비교할 때 가장 높아. 대부분 막을 수 있었던 거라서 안타까움이 커. 가장 많은 사고가 발생하는 건설 현장에 안전 발판이 튼튼하게 설치됐더라면, 노동자들이 안전모를 비롯한 안전장비를 바르게 착용했더라면 막을 수 있었어.

2021년 11월 18일 경상남도 김해시 한 공사 현장에서 에어컨 실외기를 연결하는 작업을 하던 노동자가 높은 곳의 작업대에서 떨어져 사망했어. 사람들은 이렇게 생각해. "안전모만 쓰면 되는데", "움직일 때 조금만 조심했으면 좋았을걸". "간단한 실수 하나가 비참한 사고로 이어졌네." 그런데 이 사고가 정말 노동자의 '간단한 실수' 때문에 일어난 것일까?

'노동자 탓'만 하면 산업재해의 근본적인 원인을 볼 수 없게 돼. 왜 그 노동자는 안전 발판도 제대로 설치되지 않은 높은 곳에 올라가서 일해야만 했을까? 왜 안전모를 제대로 쓸 수 없었을까?

안전 발판을 설치하는 것도, 안전모를 제공하는 것도 모두 돈이

드는 일이야. 기업은 발판을 설치할 시간과 돈을 아껴서 한 푼이라도 더 벌려는 유혹을 받게 돼. 노동자들의 안전을 희생해서라도 말이야. 정부나 국회가 나서서 회사가 지켜야 할 법과 규정을 정하는 것은 이 때문이야. 회사가 이윤을 앞세워 노동자들의 안전을 희생하지 않도록 감시하는 것도 정부와 국회의 역할이야.

학교에서 학급 규칙을 정해 본 적 있지? 규칙만 정한다고 저절로 즐거운 교실이 되진 않아. 친구들이 다 함께 규칙을 지켜야 해. 일터에서도 마찬가지야. 정부와 노동자는 회사가 법과 규정을 따르는지 주의 깊게 살펴봐야 해. 정해진 법과 규정을 어겼을 때는 걸맞은 책임을 지도록 해야 해. 법을 어겨도 제대로 책임을 따져 묻지 않는다면 아무도 법을 지키려고 애쓰지 않을 거야.

매일 아침 출근하면서 '일하다 다치고 죽을지도 모른다.'고 생각하는 사람은 없을 거야. 분야와 상관없이 노동자들은 모두 일을 통해 보람을 얻고, 노동으로 얻은 소득으로 괜찮은 삶을 꾸려 가고 싶어해.

노동자가 일터에서 안전하고 건강하게 일하기 위해서는 많은 사람들의 노력이 필요해. 법을 만드는 국회, 법이 제대로 지켜지고 있는지 주의 깊게 살피는 정부, 정해진 규칙을 어겼을 때 합당한 책임을 묻는 법원까지. 그리고 노동자가 얼마만큼의 힘을 가졌는지도 중요해. 회사의 힘이 노동자보다 훨씬 세면 법은 회사에 유리하게 만들어질 거야. 그래서 노동조합 같은 노동자들의 단체도 필요한 거야.

사람의 어떠한 행동에 영향을 끼치는 근본적인 힘을 '구조적 원인'이라고 하는데, 이건 눈에 보이지 않아. 하지만 문제의 근본 원인을 해결하기 위해서는 구조적 원인을 파악하고 대책을 세워야 해. 그런데 이런 일은 노동자 혼자의 힘으로는 어려워서 사회가 함께 힘을 합해 노력해야 해.

12 일터에는 화장실과 휴게실이 있어야 한다고요?

학교나 집에서 힘들어서 쉬고 싶을 때 어디서 쉬어? 학교생활은 재밌기도 하지만 힘든 일도 많지. 가족들과 지내기도 쉽지만은 않잖아. 잠시라도 한숨 돌릴 수 있는 곳이 있으면 마음이 좀 누그러질 거야. 일하는 어른들도 마찬가지야. 직업도 다르고 일하는 장소도 다 다르지만 사람은 24시간 돌아가는 기계와는 다르니까 쉬어야 하고, 일하는 곳과 구분되는 편안한 공간도 필요해. 그러나 쾌적한 휴게실이 마련되지 않은 회사에서 일하는 사람들이 훨씬 많아.

혹시 환경미화 노동자들이 휴게실이 없어서 건물의 화장실에서 밥을 먹거나 계단 아래 좁은 틈에서 쉰다는 이야기를 들은 적이 있니? 폭염주의보가 내릴 만큼 더운 여름날 좁은 휴게실에서 쉬다가 사망한 환경미화 노동자도 있었어. 이런 일은 드물게 일어나기는 하지만, 일하는 사람들에게 휴게실이 얼마나 필요한지, 휴게실에는 어떤 시설이 필요한지 생각하게 했어.

회사에서 만들어 준 휴게 공간이 없는 노동자가 어떻게 쉬고 있는지 더 살펴볼까? 창고나 주차장, 건물의 옥상에서 쉬기도 해. 추울 때는 더 춥고, 더울 때는 더 더운 곳이 휴게실이 되기도 해. 너무 좁

아서 한 명씩 교대로 앉아야 하는 데도 있고, 비가 오면 물이 차고 곰팡이가 피는 곳을 쓰기도 해. 아파트나 공장을 짓는 건설 현장의 휴게 공간 중에는 20분을 걸어야 할 만큼 멀리 있어서 별 소용이 없는 곳도 있어. 화물차 운전, 인터넷 설치처럼 밖에서 일하는 노동자에게도 알맞은 휴게 공간이 필요하지만 거의 없어.

근로기준법에는 4시간 노동에 30분 이상, 8시간 노동에 1시간의 휴게 시간을 주어야 한다고 정해 놓았지만 휴게실에 관한 기준이 없었어. 휴게실을 만들어야 한다는 법은 2022년 8월에야 시행되었어. 그마저도 직원이 20명이 안 되는 회사는 이 법을 안 지켜도 된대. 작은 회사, 작은 공장에서 일하는 노동자도 쉴 권리는 똑같이 있는데 말이야. 그래서 작은 사무실, 작은 공장에서 일하는 많은 사람들이 모든 일터에 휴게실이 필요하다고 말하고 있어.

휴게실은 어떻게 만들어야 할까? 짧은 시간을 쉬어도 편안하게 피로를 풀 수 있으면 되겠지. 정부에서 휴게실은 다음과 같은 요건을 갖춰 만들어야 한다고 발표한 적이 있어.

- 적정한 실내 온도를 유지하고, 냉·난방 시설을 갖춰요(여름 20~28℃, 겨울 18~22℃).
- 유해 물질이나 수면·휴식이 어려울 정도의 소음에 노출되지 않아야 해요.
- 식수 등을 두고 청결을 유지하며, 물품을 보관하는 수납 공간(창고)으로 사용하지 않아야 해요.

- 밤에 쉬어야 할 때는 몸을 눕혀 수면·휴식을 취할 수 있는 공간과 침구 등이 있어야 해요.

아주 기본적이고 당연해 보이는 기준이지? 쉬는 공간·쉬는 시간은 일하는 사람들에게 아주 중요하고 기본적인 권리야. 아, 일하는 사람만이 아니라 어린이, 청소년, 어른… 우리 모두에게 중요해!

13 왜 엄마들에게 '명절증후군'이 많이 생길까요?

 친구들은 추석이나 설날이 다가오면 어때? 괜히 설레고 신나지 않아? 학교도 학원도 가지 않고 쉴 수 있으니 좋을 수밖에. 그런데 명절이 모두에게 즐겁고 신나는 날만은 아닌가 봐. '명절증후군'이라는 말 들어 봤어? 명절증후군은 명절 스트레스로 인해 여기저기 몸이 아픈 증상을 말해.

 명절증후군은 어린이도 어른도 모두 겪을 수 있지만, 특히 엄마들이 많이 겪어. 엄마들에게 유독 많이 주어진 '명절 미션' 때문이야. 차례 음식 고민하기, 장보기, 우리들에게 예쁜 옷을 입혀서 할머니·할아버지 댁에 데려가기, 맛있는 전 부치기, 상 차리기, 설거지하기, 과일 깎기, 웃는 얼굴로 친척 맞이하기 등등.

 생각해 보면 이 미션은 엄마가 평소에 하는 일과 크게 다르지 않아. 아주 오래전부터 엄마와 아빠가 가족을 위해 해야 할 일이 따로 있다고 여겨져 왔어. '집 안'에서 아이들을 돌보고, 요리하고, 빨래하고, 청소하는 일은 엄마들의 일, '집 밖'에서 돈 버는 일은 아빠들의 일이라고 말이야. 친구들도 이제는 잘 알겠지만, '집안일'과 '집밖일'을 성별로 구분하는 것은 옳지 않아. 엄마도 회사에 나가서 일할 수

있고, 아빠도 집안일을 할 수 있어. 집안일은 주로 대가가 없으니 '무급 노동', 회사 일은 그 대가로 월급을 주니 '유급 노동'이라고 구분해서 불러. 실제로 지난 몇십 년 동안 엄마들의 유급 노동 참여와 아빠들의 무급 노동 참여가 증가했어.

    문제는 이런 변화에도 엄마들의 무급 노동 부담이 줄어들지 않았다는 사실이야. 엄마는 하루 평균 225분, 아빠는 64분 동안 우리를 돌보고, 또 집안일을 한대. 아빠들의 참여가 늘었다지만 아직도 엄마들이 무려 3.5배 더 많은 집안일을 한다는 뜻이지. 이렇게 상대적으로 긴 무급 노동은 엄마들을 아프게 해. 팬데믹 시기에도 엄마들의 정신건강이 가장 나빴대. 엄마라서 감당해야 하는 무급 노동이 원인으로 지목되고 있어.

엄마들의 무급 노동 부담을 덜어 주기 위한 정책이 없냐고? 있어. 하지만 아무리 좋은 정책이 있어도 돌봄, 집안일과 같은 무급 노동을 계속해서 '엄마 일'로 여기는 한, 문제는 해결되지 않을 거야.

친구들의 이해를 돕기 위해 코로나19 팬데믹 시기에 일어난 일을 하나 소개할게. 팬데믹 동안 학교나 학원이 쉬면서 우리 어린이들이 여러모로 돌봄이 많이 필요해졌잖아. 이때 아빠들보다 엄마들이 돌봄 휴가를 더 많이 쓰거나, 회사를 더 많이 그만뒀대. 일을 중간에 그만두면 승진이나 임금 협상 등에서 불이익을 받게 되거든. 이 불이익을 많은 경우 엄마들이 감당한 거지.

무급 노동은 '엄마 일'이 아닌 우리 '모두의 일'이 되어야만 해. 친구들, 그리고 가족들은 어떤 노력을 할 수 있고, 정부와 국회는 또 어떤 역할을 할 수 있을까?

14. CCTV로 일하는 사람을 감시한다고요?

선생님은 2022년 11월부터 12월에 비정규직으로 일하는 20대 여성 노동자들을 여럿 만났어. 비정규직은 한 직장에 오래 다니지 않고 보통은 1년 또는 2년간 계약을 하고 일하거나, 빵집·카페·편의점·햄버거 가게 등에서 시간제로 일하는 걸 말해. 이들과 이야기하면서, CCTV나 스마트폰으로 감시나 감독을 당하며 일하는 사람이 많다는 걸 알게 됐어.

아이스크림 가게에서 일하는 20대 노동자는 아침에 문을 여는 일부터, 손님이 오면 주문 받고, 계산하고 아이스크림을 퍼 주고, 가게의 냉장고와 냉동고를 청소하는 일을 혼자 했어. 1년 동안 일을 했지만 사장을 볼 수는 없었어. 가게 사장은 CCTV로 화면을 보면서 노동자에게 '아이스크림을 풀 때 너무 느려요.', '청소하는 시간을 줄이세요.' 같은 지시를 카톡 메시지로 했대. 점심시간이 따로 없어서 창고에서 밥을 먹다가 손님이 오면 주문을 받아야 했어. 그런데 CCTV가 지켜보고 있다는 것을 아니까 잠시라도 마음을 놓고 쉴 수가 없는 거야. 너무 힘들 때도 '잠깐 기대 서 있어도 될까?' 스스로 조심하게 되고, 항상 긴장하고 있었다고 해. 아이스크림 가게에서 1년을 일한 뒤 다리·어깨·손목에 병이 났어.

애견센터에서 일하는 애견훈련사도 만났어. 낮에 집에 사람이 없는 경우 강아지가 힘들 수 있으니까 애견센터에 반려견을 맡기거든. 애견훈련사가 강아지를 돌보며 강아지에게 필요한 훈련도 해. 유치원과 비슷해. 강아지들은 밥도 먹고, 간식도 먹고, 산책하고, 낮잠도 자야 하니까. 강아지마다 성격도 다르고, 개성이 있어서 서로 싸울 수도 있어.

선생님이 만난 애견훈련사는 혼자서 7마리의 강아지를 돌봤어. 강아지들이 다치거나 아프면 안 되기 때문에 잠시도 눈을 뗄 수 없었대. 점심시간에도 강아지들을 지켜보면서 밥을 먹어야 했어. 제일 힘든 건 카톡으로 강아지의 하루를 기록해서 보내는 거야. 강아지를 맡긴 주인들은 궁금하니까 수시로 강아지 소식을 물어 와. 혼자서 7마리의 강아지를 돌보면서 강아지 사진·영상을 7명의 주인에게 각각 보내고, 질문에 답을 해 줘. 애견센터 홍보를 위해 인스타그램에도 날마다 강아지 영상을 올려야 했지. 애견센터의 사장은 직접 나오지 않아도 카톡과 인스타그램을 보면서 훈련사가 일을 하는 모습을 확인할 수 있어. 1년을 애견센터에서 일한 훈련사는 몸도 마음도 아프게 되었어.

우리가 가는 편의점·빵집·카페 같은 곳에서도 그 자리에 없는 가게 주인이 아르바이트 언니, 오빠 들이 일하는 모습을 CCTV로 지켜보는 경우가 많아. 누군가가 나를 감시하고 있다는 느낌은 정신적으로도 긴장되고 불쾌한 일이야. 휴식 시간을 제대로 쓸 수 없으니 신체적으로도 피로가 쌓여. 스마트폰으로 사진·영상을 보내면서 일을 하는 것도 감시당하면서 일을 하는 것과 같아.

팔다리를 쭈욱 펴서 긴장한 몸의 근육을 풀어 주고 10분이라도 고개를 들어 창밖을 볼 수 있다면, 점심시간이 정해져 있어서 그때만이라도 카메라가 없는 곳에서 혼자 쉴 수 있다면, 몸도 마음도 덜 아플 거야. 친구들이 지켜보는 눈이 없는 곳, 스마트폰 없는 곳에서 하루 5분이라도 긴장을 풀 수 있기를 바라.

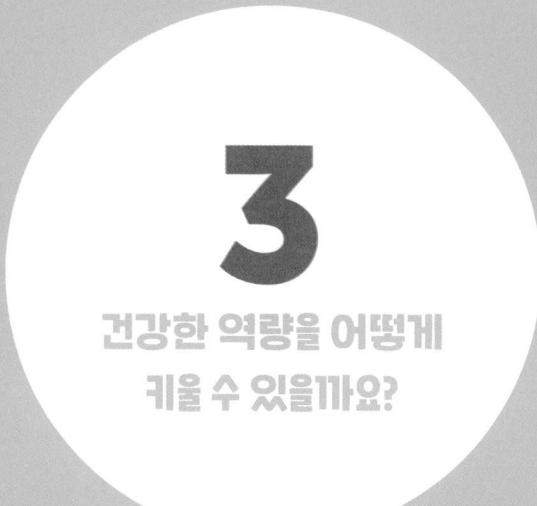

3
건강한 역량을 어떻게 키울 수 있을까요?

15 개인정보를 알려 준 제 잘못이 아니라고요?

　스마트폰을 이용하다 보면, 직접 만난 적은 없지만 온라인 공간에서 친구로 지내는 일이 생겨. 트위터나 인스타그램 등 소셜 네트워크를 통해 친해지거나, 게임을 하다가 알게 되거나, 좋아하는 연예인의 팬클럽 활동을 하거나, 채팅 앱을 통해 친구가 되기도 하지. 새로운 사람을 만나는 일은 즐겁지만, 위험한 상황 또는 범죄에 노출되기도 해.

　2020년 3월 여성가족부가 2018년 발생한 아동·청소년을 대상으로 한 성범죄 실태를 발표했어. 2018년에 성범죄로 처벌받은 사람이 3219명이나 되는데, 이런 성범죄의 91.4퍼센트가 메신저나 소셜 미디어, 앱을 통해 이루어졌대.

　2019년에는 '텔레그램 N번방 사건'이 일어나 사회적으로 큰 충격을 줬어. 친구도 그 뉴스를 본 적 있을 거야. 일부 남성들이 메신저를 이용해 10대 아동·청소년, 성인 여성을 상대로 성범죄를 저질렀어. 성적으로 협박하고 착취하며 오랜 시간 동안 지독하게 괴롭혔지.

　게임용 메신저인 디스코드나 채팅 앱에서 비슷한 수법으로 범죄가 일어나. 이들은 먼저 우리가 올리는 사진이나 프로필을 통해 나

이가 어리다는 걸 확인해. 그리고 비슷한 또래나 언니인 척 친근하게 말을 걸어오면서, 경계심을 허물어. 처음에는 다정하게 얘기도 들어주고 칭찬도 하면서 친분을 쌓아. 이걸 온라인 그루밍이라고 해.

 더 친해지면 이름과 주소, 학교, 전화번호 같은 개인정보를 요구하고, 얼굴과 몸이 나온 사진을 보내 달라고 해. 실제로 만난 적은 없지만, 친한 사람이라고 생각하면 흔쾌히 알려 줄 수 있겠지. 그러고 나면 하기 싫은 일을 시키고, 성적인 사진이나 관계를 요구하는 등

함부로 대하고 괴롭히지. 만약 거부하면 친구나 부모님 등 주변에 이 사실을 알리겠다고 협박하기 시작해. 사람이 갑자기 무섭게 변하니까 피해자들은 겁이 나서 그들이 하라는 대로 따르게 돼.

만약 모르는 사람에게 개인정보나 몸 사진 같은 걸 보냈다면 어떻게 해야 할까? 제일 먼저 믿을 만한 어른에게 도움을 청해야 해. 만약 말했을 때 나를 혼내는 어른이 있다면, 그 어른이 잘못한 거야. 쉽진 않겠지만, 도움을 줄 다른 어른을 찾아야 해. 전문 기관과 상의하는 방법도 있어. 이때 꼭 잊지 말아야 하는 건, 절대로 내가 잘못했다고 생각하지 않는 거야. 상대가 먼저 자신이 누구인지 속이고 환심을 산 다음, 자신이 원하는 대로 하도록 협박한 거잖아. 전부 그 사람 잘못이고, 내 잘못이 아니야.

우리가 아무리 안전하고 현명하게 스마트폰을 이용한다고 해도, 피하기 어려운 상황이 생길 수 있어. 때문에 우리 모두 온라인에서 만나는 사람이 나와 같은 존엄한 인간이라는 걸 알아야 해. 그래야 누군가에게 고통과 위험이 되는 일을 강요하지 않을 거야.

16 스마트폰 사용 시간을 줄이는 방법이 있다고요?

친구들은 학교가 끝나고 나면 나머지 시간을 어떻게 보내? 운동하거나 숙제를 하는 시간 말고 쉬는 시간에는 주로 스마트폰이나 컴퓨터를 하는 친구들이 많을 거 같아. 어른들도 비슷해. 하루 대부분의 시간을 스마트폰과 컴퓨터를 하며 보내고, 어떤 날은 밤늦게까지 컴퓨터 앞에 앉아 있을 때도 있어.

혹시 스마트폰 이용하는 시간을 스스로 조절하기 어려웠던 적 있니? 부모님과 정한 스마트폰 사용 시간을 자꾸 어기고, 스마트폰에 대한 생각이 머리에서 떠나지 않고, 스마트폰을 하고 싶다는 생각이 아주 강하게 들고 말이야. 이런 증상이 자주 오래 이어진다면 스마트폰에 너무 많이 의존하고 있는 것은 아닌지 확인해 봐야 해. 2019년 과학기술정보통신부와 한국정보화진흥원에서 조사하여 발표한 결과를 보면, 위험할 정도로 스마트폰에 과하게 의존하는 청소년의 비율이 30.3퍼센트로 다른 나이 대에 비해 높았어. 청소년 3명 중 1명 정도가 스마트폰 과의존 위험군에 속한다는 거야.

스마트폰 과의존에는 게임뿐 아니라, 인터넷 검색, 유튜브 보기, SNS 사용도 포함돼. 스마트폰은 항상 들고 다니잖아. 그래서 컴퓨터

보다 더 중독적으로 사용할 가능성이 높아. 우리가 무엇인가를 자신의 의지로 중단할 수 없을 때 흔히 '중독'이라고 하는데, 공식적인 표현으로는 '이용(사용) 장애'라고 해.

솔직히 스마트폰 없이 살기가 쉽지 않아. 아침에 일어나는 것부터 뉴스를 보고, 길을 찾고, 학교에서 수업을 듣고, 집에서 공부하고, 친구와 대화하고, 가족들에게 안부를 묻는 일상의 대부분을 스마트폰으로 하지. 그래도 내 삶을 더 건강하고 풍요롭게 하기 위해서는, 스마트폰을 지혜롭게 쓰는 게 중요해. 어떻게 하면 스마트폰에 과하게 의존하지 않고 잘 이용할 수 있을까?

한국정보화진흥원이 제안하는 예방법을 소개할게. 먼저 스마트폰 사용 시간과 장소 그리고 나에게 도움이 되는 콘텐츠를 골라서 계획대로 이용해. 혼자서 계획을 세우기 어렵다면 부모님이나 선생님 등 나를 잘 이해하고 도와줄 수 있는 어른을 찾아보는 게 좋아. 눈과 허리, 목의 건강을 위해 바른 자세로 사용하는 것도 중요해. 이동하거나 스마트폰을 이용하지 않을 때는 보이지 않는 곳에 넣어 두는 것도 좋은 방법이 될 수 있지. 마지막으로 스마트폰보다는 직접 친구들을 만나 얼굴을 보며 즐길 수 있는 활동을 더 많이 찾아보는 거야.

17 어른들이 알아서 잘 결정한다고요?

　코로나19 관련한 뉴스를 볼 때 내 삶과 가깝게 이어져 있다는 생각이 들었어? 코로나19와 관련된 정책은 대개 어른들을 기준으로 만들었어. 감염을 막기 위한 생활 수칙 안내문이나 코로나19로 어려워진 사람들을 돕기 위해 정부가 지원금을 나눠 줬다는 뉴스에서 어린이와 청소년은 크게 고려되지 않아.

　2020년에 호주에서 있었던 일을 잠깐 이야기해 볼게. 코로나19가 빠르게 퍼지기 시작하자 호주에서는 4월부터 '무상보육'을 도입했어. 아이를 돌보는 데 필요한 돈을 각 가정이 부담하지 않고 국가가 책임지고 지원한 거야. 코로나19로 직장에 나가지 못하게 되면서 어린이집 비용을 감당하기 어려웠던 부모들은 이 정책을 환영했어. 덕분에 부담을 크게 덜 수 있었거든. 그런데 코로나19가 조금 잠잠해지고 사람들이 다시 경제 활동을 시작할 수 있게 되자 호주 정부는 보육비 지원을 멈추겠다고 했고, 7월부터 서비스가 중단됐어.

　이 결정에 많은 가족이 화가 났어. 무상보육을 멈춘 건 어린이의 권리를 중요하게 생각하지 않았기 때문이라며 학자들도 목소리를 높였어. 호주 정부는 아이를 돌보기 위해 집에 남게 된 어른들이 다

시 직장에 나갈 수 있을 때까지만 보육비를 지원하면 된다고 생각한 거야. 어른들이 경제 활동을 멈추지 않아야 호주 경제가 무너지지 않을 테니까. 하지만, 어떤 집에서는 부모가 맞벌이를 해도 어린이집을 이용할 돈이 충분하지 않아서, 아이들이 혼자 집에 남겨지기도 해. 만약 호주 정부가 모든 아이가 교육과 돌봄을 받을 수 있어야 한다고 생각했다면 어땠을까? 결정은 달라졌을 거야.

어른들이 친구들에게 '차 조심해'라는 말을 자주 하잖아. 그런데 왜 이렇게 찻길이 많은 거야? 경제 활동을 위해, 상품을 운반하고 사람들이 이동하는 데 도로가 필요해서지. 어른들은 큰 도로를 만들 때 경제적 이익을 제일 먼저 생각해. 친구들의 건강과 생명이 위험해질 수 있다는 점은 크게 고려하지 않아. 어린이들은 사고를 당하기 쉽고, 사고가 났을 때 어른보다 더 크게 다칠 수 있는데도 말이지.

이런 문제를 꼭, 찻길을 만들기 전에 고민하지 않고 찻길을 만들고 난 뒤에 해. 그래서 여러 규칙을 강조해. '초록불일 때 손을 들고 길을 건너야 한다.'거나 '초록불로 바뀌어도 왼쪽 오른쪽 모두 살펴서 차가 멈췄는지 확인하고 길을 건너야 한다.' 등등. 물론 사고를 막기 위해 교통 규칙과 법을 잘 지켜야 해. 그런데 사고를 막기 위해 법과 규칙만 신경 쓰고 찻길이 늘어나는 것은 왜 아무도 문제라고 하지 않지? 찻길이 늘면 어린이들이 혼자서 이곳저곳을 자유롭게 돌아다닐 수 있는 자유가 줄어드는데, 이건 왜 큰일이 아닐까?

세상에서 일어나는 일이 내 삶과 크게 관련이 없어 보일 때, 우리는 쉽게 무관심해져. '크면 알게 되겠지.', '어른들이 알아서 잘 결정하겠지.' 이러면서. 하지만, 그렇지 않아. 그 일이 친구들의 건강과 행복을 해치지 않는지 주의 깊게 살펴봐야 해. 어른을 기준으로 만들어진 세상에 친구들의 이야기를 담는 방법, 함께 생각해 보자.

18 코로나19로 양치질을 더 적게 하게 됐다고요?

오늘은 코로나19로 우리가 놓친 것에 관해 이야기하려고 해. 지금은 학교에 가고 친구들과 얼굴을 마주하고 이야기를 나눌 수 있게 됐지. 답답한 마스크도 꼭 쓰지 않아도 되니 좋은 거 같아.

코로나19로 학교에 등교하지 못하고 온라인 수업을 하는 동안 학생들의 기초학력이 낮아지고 학습 격차는 더 심해졌다고 해. 예전에는 항상 얼굴을 보고 하는 수업뿐이라 잘 몰랐는데, 줌으로 수업을 하게 되니 자연스럽게 얼굴 보고 하는 수업이 얼마나 효과적이었는지 알게 된 거지. 이런 생각이 어떨지 모르겠지만, 코로나19가 아니었다면 우리는 아직도 학교 수업의 문제점만을 이야기하고 있었을지도 몰라.

그런데 코로나19로 놓친 게 얼굴 보고 하는 수업만일까? 매년 질병관리청에서 '청소년 건강 행태 온라인 조사'라고 중고생에게 온라인 설문으로 건강 습관을 확인해 보는 조사를 해. 이때 여러 질문 중에 '점심식사 후 칫솔질 실천율'이라는 문항이 있거든. 코로나19 발생 전인 2019년까지만 해도 39~40퍼센트 정도였어. 100명 중에 40명은 점심밥을 먹고 양치질을 한다는 거야. 근데 2020년에 32.6퍼센트

까지 떨어졌어. 2008년 이후부터는 34퍼센트 이하로 떨어진 적이 없었어. 매년 많은 사람들의 노력으로 1퍼센트라도 올라가고 있었는데, 갑자기 쭉 내려가 버린 거야.

  그뿐만이 아니었어. '치면열구전색'이라고 우리가 흔히 '치아 홈 메우기'라고 부르는 충치 예방법이 있어. 2009년부터 국가에서 비용을 보조해 줘서 2017년부터는 치과에서 치아 1개에 1만 원 정도로 충치를 예방할 수 있게 됐거든. 근데 이것도 2019년엔 치료받은 아동이 약 80만 명, 치료받은 치아 수가 약 216만 개였는데, 2020년에는 아동이 약 62만 명, 치아 수가 163만 개로 줄어든 거야. 대략 22~25퍼센트 정도, 그러니까 4분의 1이 감소됐어.

친구들도 알다시피 예방 치료라는 건 지금 안 받는다고 바로 문제가 나타나지는 않아. 하지만 시기를 놓치면 예방이라는 것 자체를 할 수 없어서 더 큰 문제가 되기도 해. 2020년에 유독 친구들이 칫솔질을 하지 못하고, 치과에 가서 예방 처치를 받지 못한 이유는 아마도 코로나19라는 감염병 때문일 거야. 그때는 백신도 없었으니 학교에도 가지 못하고, 치과에 가지도 못했지. 할 수 있는 것보다 할 수 없는 게 더 많던 때였으니까.

근데 이제 전면 등교도 하게 되고 이전엔 할 수 없었던 일들을 다시 할 수 있게 되었으니 그동안 놓쳤던 것들을 다시 들여다봐야 할 거야. 학생 치과 주치의 사업이 있는 건 알고 있지? 팬데믹 기간 동안 잠시 중단된 적이 있지만 지금은 다시 시행되고 있어. 구강 검진도 받고, 예방 처치도 받을 수 있으니까 4, 5학년 학생이면 우리 동네에서 학생 치과 주치의 사업을 하는지 알아보고 늦지 않게 치과에 가 보자. 학교에서 칫솔질이 어렵다면 집에 와서라도 칫솔질하는 것 꼭 잊지 않도록, 약속!

19 '잘 읽는' 방법이 있나요?

'라떼는 말이야'라는 말 들어 봤지? 우유를 섞은 커피 말고 '나 때는 말이야'의 입말을 유사한 발음의 다른 단어에 빗댄 말장난이야. 어린이와 청소년이 말을 줄이고 새로운 말을 만들어 낸다며 걱정을 하는 사람이 많은데, 새로운 말을 친구들만 만들고 쓰는 건 아닌 것 같아. '학세권'이나 '라떼는 말이야' 같은 말을 어린이·청소년이 만들었을 리 없잖아?

말과 글은 바뀌고, 말과 글을 담는 그릇과 나누는 수단도 계속 바뀌어. 지금 사람들은 라'떼'와 라'때'를 구별하여 발음하지 않아. 이러다 언젠가 라떼를 '라때'로 쓰는 날이 올지도 모르지. 바뀌는 속도도 엄청나. 불과 20년 전 아홉 시 뉴스 속의 아나운서 말투를 지금 들으면 너무 어색해.

친구들은 지난 코로나19 대유행 시기에 디지털 기기로 말과 글을 익힌 세대야. 화상으로 수업을 받으면 교실에서 수업을 받을 때 보다 공부를 더 잘할까? 컴퓨터로 글을 읽으면 책으로 읽을 때보다 더 많이, 더 효과적일까? 검색 엔진으로 검색하는 것보다 유튜브로 검색하는 것이 이해에 더 도움을 줄까? 얼굴 보며 하는 대화나 전화보

다 '페메'('페이스북 메신저'의 준말)나 '카톡'('카카오톡'의 준말)으로 사람 관계를 더 잘 만들 수 있을까? 친구들은 어땠어?

　인터넷이 막 퍼질 때, 학자들은 사람들이 더는 읽지 않을 거 같다며 걱정했어. 그런데 연구에 따르면 오히려 사람들은 하루에 더 많은 단어·문장·정보를 접하고 있대. 철학자 소크라테스는 글자로 적어 놓으면 기억을 안 하거나 못 해서, 책에 반대했다고도 하니까, 변화는 항상 소란스러운 것 같기도 해. 여하튼 요즘은 문장이 단순해지고, 정보가 작게 쪼개지고, 집중하는 시간이 줄어든 건 사실이야. 이러한 변화가 사람의 인지와 발달에 어떤 영향을 끼칠지는 아직 결론 내리지 못했어.

 친구들도 책을 볼 때보다, 컴퓨터로 여기저기 인터넷 세상을 쏘다닐 때 집중하기 힘든 경험을 해 봤을까? 화상으로 수업을 받을 때, 핸드폰이나 다른 창으로 게임을 하거나 수다를 떨기가 얼마나 쉬운지 알지? 왜 이렇게 주의가 산만하고, 주의력이 결핍되어 있느냐는 야단을 맞지만, 오히려 우리는 주의를 너무 많이 해야만 하는 시대에 산다고 할 수 있어. 왜냐하면 인간이 쓸 수 있는 주의력의 전체 양은 정해져 있는데, 이것과 저것을 동시에 혹은 연달아서 보다 보면 피곤해지기 일쑤인 데다, 중요한 맥락과 이야기를 되새길 짬이 부족해지거든.

 선생님은 한정된 주의력을 아껴 쓰고, 산만한 정보를 이야기로 꿰기 위해서 나름의 규칙을 정해 보았어. 우선 인터넷 시간을 제한하는 건데, 이건 진짜 어렵더라. 그래서 인터넷 안 쓰는 시간을 정하기로 했는데, 오전의 몇 시간과 자기 전 몇 시간을 정했어. 또 다른 규칙은 어떤 주제나 글을 인터넷에서 읽거나 볼 때 중간에 하이퍼링크(다른 사이트로 넘어가지 않고)하지 않고 진득하게 읽는 거야. 그리고 일기를 쓰기로 했는데, 처음엔 쉽지 않겠지만 열심히 해 볼 생각이야.

20 칫솔질에 남녀 차이가 있다고요?

원래 남성과 여성의 수명에 차이가 있다는 건 친구들도 잘 알고 있지? 한국의 경우 2022년 태어난 어린이는 남자가 81세, 여자는 87세까지 살 것으로 기대된대. 같은 시기에 태어난 아이라 하더라도 남성과 여성의 수명에 대략 6년 정도의 차이가 발생할 수 있다는 거야. 남성과 여성 사이에는 수명말고도 많은 차이가 있는데, 혹시 '칫솔질에도 남성과 여성 사이에 다름이 있을까.' 하는 궁금증이 생겼어. 있다

면 얼마나 그리고 왜 그럴까.

중·고등학생을 대상으로 한 청소년 건강 행태 온라인 조사에 따르면 점심을 먹고 난 뒤에 칫솔질하는 비율이 2020년 기준 전체 평균은 32.6퍼센트이고, 남학생은 24.9퍼센트, 여학생은 40.8퍼센트라고 해. 10명 중에 남학생은 2.5명, 여학생은 4명 정도만 점심을 먹고 칫솔질한다는 말이지.

코로나19 이후로 칫솔질 실천율이 전반적으로 많이 줄어들었어. 실제로 2019년에는 전체가 38.5퍼센트, 남학생 29.2퍼센트, 여학생 48.5퍼센트였거든. 전체적으로 보면 2020년 칫솔질 비율은 2019년보다 대략 15퍼센트가량 줄어든 수치야. 근데 여기서 눈에 띄는 점이 있는데, 남학생과 여학생의 차이야. 코로나19 이후로도 그렇지만 남학생보다 여학생이 더 많이 줄었어. 특히 중학교 여학생들의 경우 남학생들보다 1.6배 더 많이 줄었거든. 여전히 숫자상으로는 남학생과 여학생 사이에 다름이 존재하지만, 그 다름의 형태가 달라지고 있다는 거야.

선생님은 건강 정책을 고민하는 사람이라서, 이런 걸 보면 이게 당연한 건지, 아니면 우리가 바꾸기 위해 노력할 점이 있는지 고민하게 돼. 선생님은 이러한 차이를 줄여야 하고 그러기 위해서는 남학생과 여학생 모두 더 노력하는 방향으로 가는 것이 맞다고 생각해. 이유를 알아야 바꿀 수 있기에 그 이유를 찾는 중이지만 아직 완전한 답을 찾지는 못했어.

　일단 한 가지 이유로 생각해 볼 수 있는 게 있어. 사춘기에는 외모에 관한 관심이 부쩍 늘어나다 보니 칫솔질에 대한 실천력도 늘어나는 경향이 있는데, 이러한 성향이 코로나19 시기에는 남학생보다 여학생이 더 줄어든 것이 아닌가 싶어. 하지만 이건 어디까지나 추측이고, 앞으로 더 많은 연구를 통해 이런 생각이 맞는지 아니면 다른 이유가 있는지 알아보려고 해.

　우리는 모두 함께 사는 세상이 좀 더 나아지기를 바라고, 그걸 실현하기 위해서는 주변에서 일어나는 일에 대한 고민을 계속해 나가야 해. 누군가의 잘못이 아니라, 우리가 함께 해결해야 할 문제이니까. 그럼 함께 해답을 찾을 때까지, 모두 건강하고, 많관부(많은 관심 부탁해)!

21. '역량'을 키운다는 건 무슨 뜻인가요?

　우리는 무엇을 할 수 있고, 무엇이 될 수 있을까? 자전거 타는 걸 좋아한다면 자전거로 이곳저곳을 갈 수 있다고 말할 거야. 마음이 통하는 친구를 사귀길 바란다면 친구와 속 깊은 이야기를 나누는 걸 기대하겠지. 내가 할 수 있는 일을 떠올리고, 앞으로의 가능성에 관해 상상하다 보면 두근거리고 가슴이 벅차.

　경제학자 아마르티아 센은, 사람들이 가치 있게 여기는 걸 할 수 있을 때 자유를 누린다고 봤어. 그리고 우리를 가치 있는 상태에 도달하게 해 주는 걸 '역량'이라고 했어. 역량, 말이 좀 낯설지? 우리가 하고 싶고 되고 싶은 것들, 예를 들어 자전거를 타고, 악기를 연주하고, 누군가의 친구가 되는 것은 '기능'이야. 사람마다 가치 있게 여기는 기능 꾸러미는 달라. 센은 다양한 가치가 존중되어야 한다고 했고, 인간이 다양한 기능 꾸러미를 선택할 자유를 역량이라고 정의했어.

　'자전거 타기'를 생각해 보자. 이 기능을 달성하려면 우선 자전거가 필요해. 하지만 균형 감각이 없다면 자전거를 타기가 어렵지. 자전거 페달을 굴리는 힘, 탈 수 있다는 자신감, 끈기도 필요해. 이 정도면 충분할까? 만약 주변에 자전거 도로가 없고, 길이 비좁으면 타

기 힘들어. 위험해서 부모님과 선생님이 자전거를 못 타게 할지도 몰라. 자전거를 잘 타려면 안전한 길, 자전거 타는 걸 장려하는 사회 분위기도 필요해. 이런 조건들이 모두 갖춰질 때 우리는 자전거를 탈 역량을 갖게 돼.

그런데 왜 역량을 키워야 하지? 내가 원하는 건 자전거 타기니까, 그냥 자전거를 타기만 하면 되잖아. 자전거 하나 타겠다고 도로를 바꿔야 하나? 센은 말했어. 역량이 아니라 기능의 확대만을 목표로 삼으면, 힘·권력·지배·식민주의를 통해 기능을 달성할 위험이 있다고. 쉽게 말해, 우리의 목표가 단지 자전거 타기면, 매일 몇 시간씩 의무적으로 자전거를 타는 방식으로 목표에 도달하게 될 거야. 스스로 결정할 수 없고 무조건 자전거를 타도록 강요받는 거야.

사회의 많은 정책이 역량보다는 기능을 달성하는 데만 집중하고 있어. 건강 정책도 그래. 정책의 목표가 건강할 역량이 아니라, 얼마나 더 오래 사는지, 병에 걸리지 않은 사람이 얼마고, 몇 명이 건강검진을 받았는지가 되었어. 흡연자에게 무조건 담배를 끊으라고 하고, 아픈 사람에게 무조건 약을 주고 병원에서 치료받게 해. 단지 건강만을 목표로 한다면, 사람들이 처해 있는 상황은 신경 쓰지 않고 건강할 것을 일방적으로 강요할 거야.

역량을 확대해야 건강하게 살아 볼 기회를 만들 수 있어. 왜 담배를 끊지 못하는지, 운동하지 않는지, 영양가 있는 밥을 못 먹는지 살펴보고 사람들과 사회에 필요한 변화를 제시하는 거야. 만약 돈이 없어서 병원에 못 가는 거라면 돈을 내지 않고 갈 수 있게 하고, 일이 너무 많아서 운동할 시간이 없으면 일을 줄일 수 있게 도와줘야 해. 건강 역량이 커질 때 다양한 환경과 상황 속에 놓여 있는 사람 모두가 건강하게 살 자유를 얻게 돼.

어른들은 흔히 어린이는 아직 어려서 판단할 수 없다면서, 특정한 기능을 강요해. 영어를 잘해야 하고, 성적을 올려야 한다고 말하지. 하지만 내 삶에 관한 결정은 내가 내려야 해. 무엇을 할 때, 무엇이 될 때 가치 있다고 생각해? 그것을 하려면, 그것이 되려면 어떤 역량이 필요할까?

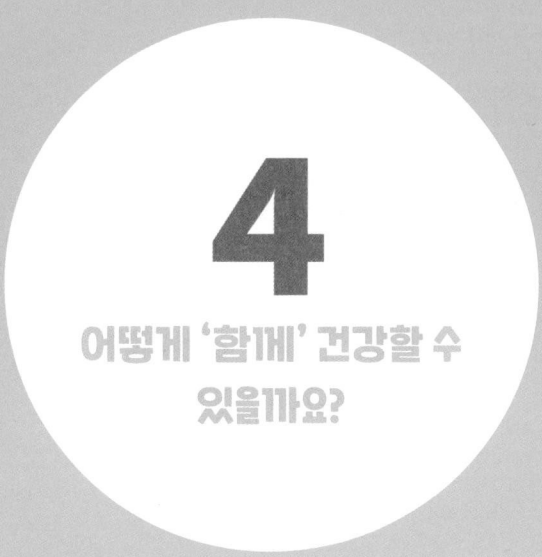

4
어떻게 '함께' 건강할 수 있을까요?

22 왜 소크 박사는 소아마비 백신에 특허를 내지 않았나요?

우리는 코로나19 시대를 살아가고 있어. 그동안 코로나 바이러스가 변이하고, 부자 나라가 백신을 더 많이 차지하고, 더 크게 고통받는 사람들이 있었지. 그래도 우리는 그사이 코로나 바이러스와 질병에 대한 지식을 쌓았고, 거리 두기와 백신 같은 대항 수단도 어느 정도 갖추게 되었어.

코로나 바이러스에도 이름이 있잖아. 나중에 모습을 좀 바꾼 변이도 델타, 오미크론과 같은 새로운 이름이 생겨. 그런데 이 이름은 누가 붙였을까? 그리스 알파벳에 따라서 델타는 네 번째 글자, 오미크론은 열다섯 번째 글자를 따서 이름을 붙인 것이라고 해. 2021년 5월 세계보건기구는 코로나 바이러스 변이를 표현하는 이름이 너무 길고, 변이 바이러스의 이름을 발견한 지역으로 부른다면 차별을 낳을 수 있기 때문에, 그리스 알파벳에 따라 이름을 정하기로 했어. 이름을 붙이거나 구분을 지을 때, 의미가 생기고 긍정적이든 부정적이든 영향력이 생긴다는 것은 곱씹어 볼 만한 것 같아.

보통 감염병을 조절하고 있는 상태를 박멸, 제거, 통제의 단계로 나눠. 감염병의 박멸이란 전 세계에서 영구적으로 질병 발생이 없는 것을 말하는데, 현재까지 하나의 사례가 있어. 그건 바로 천연두(두창, 마마)라는 감염병이야. 천연두는 오랫동안 인류를 괴롭혀 온 질병인데, 걸린 사람 중 30퍼센트가 죽는 무서운 병이었어. 어린이에게는 더 치명적이었다고 해.

예전에는 동영상을 비디오테이프로 봤는데, 비디오의 처음에 "옛날 어린이들은 호환·마마·전쟁 등이 가장 무서운 재앙이었으나"로 시작하는 공익 광고가 들어가곤 했어. 마마가 천연두인데, 호랑이가 물고 가거나 전쟁만큼 무서웠다는 거지. 1980년 세계보건기구는 공식적으로 천연두가 박멸되었다고 선언했어. 1796년 영국의 의사 에드워드 제너는 소의 천연두로 사람의 천연두를 막는 예방접종 방법을 최초로 개발했어. 백신(vaccine)이라는 말도 제너가 처음 만든 거야. 라틴어로 백신이 소를 뜻한다고 해.

감염병 제거의 단계는 어떤 특정한 지역에서 질병 발생이 거의 일어나지 않는 것을 말하는데, 제거 수준의 감염병 사례로는 소아마비가 있어. 폴리오 바이러스에 의해 걸리는 이 감염병은 이름에 소아가 들어가 있듯이 주로 아동에게 발생해. 몸에 마비를 남기고 때로는 치명적인 감염병이지만 효과가 좋은 예방접종 방법이 있어. 한국에서도 1960년대에는 매년 1000~2000명 정도의 환자가 발생했지만 정기 예방접종을 도입한 뒤에는 환자가 발생한 적이 없어.

소아마비 백신은 1950년대 조너스 소크가 개발한 백신과 1960년

대 알버트 사빈이 개발한 경구용 백신이 있어. 소크는 자신이 개발한 백신에 대해 특허를 내지 않은 것으로도 유명한데, 한 인터뷰에서 이렇게 말했다고 해. "태양은 특허를 낼 수 없다."

몇몇 코로나19 백신 회사가 백신 접종을 시작하고 나서 1년 동안 벌어들인 수익의 절반 정도면 저소득 국가 사람 모두에게 백신을 놔 줄 수 있다고 해. 세계는 연결되어 있어서, 어느 한 곳에서 감염병이 발생하면 백신을 맞았거나 좋은 의료시설이 있다고 안심할 수도 없어. 모두가 골고루 백신을 맞을 수 있어야 한다는 생각이 특별히 누군가를 생각하는 일인 것만은 아니야. 나의 건강과 안전은 더 이상 나 혼자 건강하다고 지킬 수 없으니까. 친구들은 어떻게 생각해?

23 태일이 삼촌은 누구예요?

 전태일이라는 이름, 들어봤니? 전태일 열사의 이야기는 책과 영화로 나왔어. 교과서에서도 다루고, 『태일이』라는 만화책으로 만난 친구도 있을 거야. 올해는 태일이 삼촌이 돌아가신 지 53년이 되는 해야.

 태일이 삼촌은 17세 때부터 동대문 평화시장의 봉제공장에서 재단사로 일했어. 지금은 옷 만드는 공장들이 중국이나 동남아시아에 많지만, 예전에는 동대문에 많았어. 가난한 청소년은 학교에 가는 대신, 그곳에서 일하며 돈을 벌었지. 삼촌이 옷감을 펼쳐서 모양을 잘라 주면, 미싱사가 그대로 바느질을 해서 옷을 만들었어. 재단사는 공장마다 한두 명밖에 없는 전문가였어. 월급도 미싱사보다 많고, 오래 일하면 공장을 차릴 수 있었어. 하지만 삼촌은 다른 선택을 했어.

 공장에 들어간 삼촌의 눈에 먼저 들어온 건, 옷감 먼지 때문에 폐렴에 걸린 여성 노동자들이었어. 일을 거들어 주는 사람이라는 뜻의 일본말 시다바리를 줄여서 '시다'라고 불렸는데, 그들의 나이는 겨우 12세부터 21세였어. 아직 너무 어리고 또 젊은 여성 노동자들이 창문도 거의 없는 비좁은 공간에서 온종일 미싱을 돌리고 실밥

공장에 들어간 삼촌의 눈에 먼저 들어온 건, 옷감 먼지 때문에 폐렴에 걸린 여성 노동자들이었어. 그들의 나이는 겨우 12세부터 21세였어.

을 땄어. 일주일에 98시간을 일하고, 한 달에 고작 이틀을 쉬었다고 해. 그리고도 1,700원에서 3,000원 정도의 적은 월급을 받았지. 햇빛을 보지 못해서 눈병에 걸리고, 결핵을 앓는 사람이 많았어. 나라에서는 이런 사정을 제대로 조사도 하지 않았어. 우리가 당시의 상황을 알 수 있는 것도 다 삼촌이 직접 조사한 덕분이야.

태일이 삼촌은 대통령에게 편지를 썼어. '하루 14시간의 작업 시간을 단축하고, 시다의 수당 70원~100원을 50퍼센트 올려 달라.', '건강 검진을 정확하게 해 달라.'는 요구를 담았지. 편지는 전해지지 않았지만 삼촌은 포기하지 않았어. 언론사를 찾아가 평화시장 여성 노동자들의 실태를 알리고, 노동자 모임을 만들었지. 공장 사장에게 가서 제대로 된 숙소를 설치하고, 일하는 환경을 개선해 달라고 요구하기도 했어. 평화시장의 노동 실태를 조사하는 설문지를 돌려 그 결과를 노동청에 알렸지만 노동청은 말로만 약속하고, 이 말을 무시했어. 평화시장 노동자들을 위해 근로기준법을 공부하고, 모임을 만드는 등 바쁘게 돌아다녔지만 현실은 하나도 바뀌지 않았어. 삼촌은 지쳤던 거 같아. 꿈적도 하지 않는 세상을 향해 큰소리로 외치고 싶었지.

1970년 11월 13일, 아무 도움도 되지 않는 근로기준법이 실린 법전을 들고 자신의 몸에 불을 붙였어. 그렇게 스물둘의 젊은 나이로 세상을 떠났어.

삼촌은 화를 내거나 분노에 차서 행동하는 사람이 아니었어. 사람들을 어떻게 도울지 구체적으로 계획하고, 방법을 찾았지. 법을 공부하고, 상황을 조사해 통계를 만들고, 글을 썼어. 초등학교 졸업은 못했지만, 밥을 굶으면서도 책을 샀대. 삼촌이 쓴 글을 읽으면 "글 좀 쓰는데!" 하며 감탄할걸.

삼촌은 옷을 만들면 고객에게 바로 배달하는 서비스를 제공하고, 작업장에는 탁구대와 농구대가 있고, 노동자에게 교양을 가르치는 회사를 꿈꿨지. 자기만을 위해 살겠다고 마음먹었다면, 아마 다른 삶을 선택했을지도 몰라. 하지만 삼촌은 평화시장의 노동자와 함께 행복해지기를 바랐어.

24 다문화 가족 친구들과 어떻게 잘 지내나요?

학교 친구 중에 부모님 중 한 분이 외국인이거나 귀화한 분 또는 두 분 모두 귀화한 분이 있을 거야. 귀화가 무슨 뜻이냐면, 다른 나라 국적을 얻어서 그 나라 국민이 되는 일이야. 얼마 전에 러시아-우크라이나 전쟁에 대해 러시아 출신 한 방송인이 설명하는 방송을 봤는데, 그 사람은 2016년에 대한민국으로 귀화했대. 더 찾아보니까 지금까지 무려 세계 110개국 사람들이 한국으로 귀화했어. 이제 한국 사람이라고 해서 꼭 한국에서 태어나고 자란 검은 머리카락과 눈동자를 가진 동양인이 아니겠더라고.

엄마나 아빠 중 한 분이 외국인이거나 귀화한 부모 또는 모두 귀화한 분들과 같이 사는 친구네를 '다문화 가족'이라고 부르는 건 알고 있을 거야. 국제 교류가 늘면서 한국에서 공부하거나 일을 하다가 가족을 이루어 살고 있는 외국인들이 점점 늘고 있어. 2020년 기준으로 약 215만 명이라고 하는데, 한국 전체 인구가 5100만 명이니, 인구의 4.2퍼센트 정도 되는 셈이야. 다문화 가족이 늘어나다 보니, 자녀 중 학교에 다니는 만 7~18세 어린이와 청소년은 16만 명으로, 전체 학생 가운데 3퍼센트라고 해. 앞으로 다문화 가족 어린이와 청

 소년들은 지금보다 더 늘어날 거래.
　다문화 가족 친구들은 학교생활을 어떻게 하고 있을까? 정부에서 조사해 보니까, 다문화 가족 친구들이 학업이나 외모 문제 때문에 다른 친구와 어울리거나 학교생활에 적응하는 데 어려움을 겪고, 학교폭력 피해도 많이 당한대. 그래서 학년이 올라갈수록 학업을 포기하는 친구들이 많아진대. 학교 숙제와 학원 숙제를 하면서 또래들과 놀 시간이 없다고 푸념하는 친구들이 많지? 다문화 가족 친구들

역시 그래. 특히 한국 사회의 과도한 교육 문화를 따라가기 어려운 경우에는, 점차 공부에 흥미를 잃기도 해.

어린 시절부터 영양가 높은 음식을 먹고, 적당한 신체 활동을 하며 건강한 생활을 하는 것, 가족과 내가 살고 있는 동네에서 정서적인 지지를 받고, 애착을 가지고 사는 것, 그리고 교육과정을 잘 끝내고, 자신의 능력과 기대에 맞는 직업을 얻어 독립적인 사회인이 되는 것은 어린이, 청소년이 성인이 되기 전까지의 기본적인 사회화 과정이야. 이때 문제가 생기면, 삶을 꾸려 나가는 데 어려움이 있을 수 있어. 다문화 가족 친구들이 학교생활에 잘 적응하고 다른 친구들과 어울릴 수 있도록 모두가 신경 써야 해. 우리는 모두 이 사회에서 더불어 살아가는 시민이니까.

25 헌법을 모르는데, 어떻게 원칙을 지켜요?

'대한민국 헌법'에 관해 들어 봤니? 헌법은 '나라의 기본 원칙을 정하는 법'이야. 국회에서 국회의원이 법률을 만들 때도, 대통령을 비롯한 공무원들이 나라 일을 할 때도 헌법에서 정한 원칙을 지켜야 해. 선생님도, 친구들도 헌법에서 정한 원칙을 지켜 서로를 대해야 하고. 그런데 이런 질문을 하는 친구가 있을 거 같아. "헌법이 뭔지 모르는데 어떻게 원칙을 지켜요?"

헌법의 원칙은 어렵지 않아. 학교에서 '헌법'이라는 과목을 따로 배우지 않지만, 도덕과 사회 과목에서 헌법의 원칙을 이미 배우고 익히고 있거든. 헌법은 함께 살아가는 사람끼리 '이것은 꼭 지켜야 서로 어울려 살 수 있어'라고 약속한 것을 조금 어려운 말로 정리해 놓은 거야.

인권에 관한 여러 이야기를 들어 본 적이 있지? 인권을 보장해야 한다는 원칙은 헌법에 있어. 서로 다툼이 있더라도 때리거나 상대를 깎아내리는 말을 하면 안 된다거나, 친구의 일기장을 허락 없이 보면 안 되는 것, 친구와 약속을 하면 지켜야 한다는 것도 모두 헌법에서 약속된 원칙이야. 나라마다 사람들의 생각이 다를 수 있고 시대에

따라 생각이 바뀌기도 해서 헌법의 내용이 조금씩 달라지기는 하지만, 사람은 모두 소중하고 국가는 모든 사람의 자유와 권리를 보장하기 위해 노력해야 한다는 점은 변하지 않는 원칙이라고 할 수 있어.

 예를 들어 생각해 볼까. 친구들 주변의 어른들은 코로나19 백신을 이미 여러 차례 맞았을 텐데 돈은 내지 않았어. 코로나19 감염으로 입원을 했어도 돈은 내지 않았거나 적은 돈만 냈을 거야. 이런 코로나19 치료와 관련한 정책도 모든 국민은 건강을 유지할 권리가 있고 국가는 이를 보장할 의무가 있다는 헌법 원칙에서 비롯한 거야.

또 정부에서 백신 연구비를 지원할 때 세금이나 건강보험료를 쓸 수 있도록 헌법 원칙에 정해 놓았어. 만약 코로나19 백신을 팔아서 어떤 회사가 많은 돈을 벌었는데, 그 백신 개발에 세금 같은 공공의 돈이 많이 들어갔다면, 헌법의 원칙에 따라 수익의 일부를 사회에 환원하게 할 수도 있어. 나아가 백신을 저소득 국가의 시민들에게 보낼 수 있도록 한국의 헌법에서는 세계 평화와 인류 공영(인류가 함께 잘 살아가자는 것)에 이바지하자고 정해 놓았어.

친구들과 싸우지 않고 조화롭게 지내기 위해 서로 지켜야 할 것이 있는 것처럼, 사회에서 모두가 함께 잘 살아가려면 서로 지켜야 할 원칙을 정하고 실천해야 해. 그 역할을 바로 헌법이 하는 거야. 그렇지만 영원히 변하지 않는 원칙은 아니야. 지금까지 여러 번 바뀌어 왔고, 앞으로도 바꿀 수 있어. 친구들도 한국의 헌법이 어떻게 생겨났고 변해 왔으며 어떤 내용인지 관심을 갖고 '이건 아니다!' 싶은 내용이 있다면, 어떻게 바꾸면 좋을지 토론하고 제안할 수 있어.

26 왜 내 병원비를 나라에서 함께 내 주나요?

 감기에 걸려서, 혹은 어딘가 아파서 병원에 다녀온 뒤 병원비 영수증을 본 일이 있니? 영수증에 '본인 부담금'과 '공단 부담금'이라는 항목이 적혀 있을 거야. 본인 부담금은 내가 낼 돈, 공단 부담금은 공단이 낼 돈이라는 뜻이야. 여기서 공단은 국민건강보험공단을 말해. 그런데 내 병원비를 왜 공단에서 부담할까?

 거의 모든 나라에는 헌법이 있어. 헌법은 그 나라를 어떻게 구성하고 시민들이 어떤 권리와 의무를 지고 있는지 분명하게 드러내지. 한국의 헌법 제23조 1항은 "모든 국민의 재산권은 보장된다."고 말하고 있어. 여기서 '계약의 자유'가 나오지. 누군가 상대방에게 물건 또는 서비스를 거래할지 말지, 거래한다면 얼마에 할지 등을 각자 자유롭게 할 수 있다는 뜻이야. 또 헌법 제34조에서는 "모든 국민은 인간다운 생활을 할 권리를 가진다.", 제35조는 "모든 국민은 건강하고 쾌적한 환경에서 생활할 권리를 가진다."고 선언하고 있어. 인간답게 건강하고 쾌적한 환경에서 살고 싶어도 주변 환경이 건강하지 않거나 아픈데 병원에 갈 돈이 충분하지 못하다면 어떡할까? 그래서 국가는 시민들이 인간다운 생활을 할 수 있도록 사회보장·사회복지

증진에 노력해야 하고, 생활 능력이 없는 국민을 보호해야 해.

 헌법 이야기가 길었지? 공단이 여러분의 병원비를 부담하는 이유가 바로 여기에 있어. 의사나 병원 경영자 들도 '계약의 자유' 원칙에 따른다면 원하는 환자만 치료한다거나 병원비를 마음대로 정할 수 있어. 그렇지만 헌법은 모든 국민에게 인간다운 생활을 보장하고, 국가에는 사회보장 및 복지 증진에 노력하도록 의무를 부과하고 있기 때문에, 한국에서는 의사가 환자를 골라서 진료할 수 없어. 또 병원비가 지나치게 비싸 치료를 못 받는 환자들이 없도록 국민건강보험제도를 만들었어.

 국민건강보험제도는 보험 재정에서 진료비의 전부 또는 일부를 부담해 주는 제도야. 이를 위해 한국의 모든 성인은 적든 많든 보험료를 의무적으로 내야 해. 어떤 사람들은 "나는 아프지도 않고 건강한데 왜 평소에 보험료를 내야 하죠?"라고 말하기도 해. 그런데 생각해 봐. 만약 원하는 사람만 보험료를 내도록 한다면 지금 당장 돈이 많거나 건강한 사람은 보험료를 내지 않을 거야. 정말 치료가 필요한 사람도 병원에 갈 수 없을 거야. 지금은 건강하고 돈이 많은 사람도 어느 순간 건강도 직업도 잃고 병원비를 낼 수 없는 상황이 올지도 몰라. 그래서 미리 보험금을 쌓아 놓아 다른 이들의 위험에 대비하고 나중에는 나를 위해 사용하는 것이 사회보험의 원리야.

 또 어떤 병원들은 "우리는 건강보험에서 비용을 안 받아도 되니까 치료하고 싶은 환자에게 마음대로 진료비를 받고 싶어요."라고 해. 만약 그렇게 병원 마음대로 운영하게 한다면, 좋은 진료를 해 환자들에게 인기가 높은 병원은 비싸게 진료비를 책정해서 결국 경제적으로 여유가 있는 사람만 갈 수 있게 될 거야. 그러면 모든 시민의 건강을 동등하게 보장하자는 건강보험제도의 취지가 흔들리잖아. 그래서 헌법재판소는 건강한 사회를 위해서 병원의 자유가 어쩔 수 없이 제한될 수 있다고 판단했어.

국민건강보험제도는 이렇게 헌법의 원리를 토대로 여러 사람의 자유와 권리를 조화롭게 고려해서 만들었어. 앞으로 이 제도를 둘러싸고 갈등이 생기더라도, 헌법의 원칙을 생각하면서 시민 모두의 이익을 위해 해결해 나가면 좋겠어.

5

지구의 건강을 어떻게 지킬 수 있을까요?

27 일회용 쓰레기를 어떻게 줄일 수 있을까요?

코로나19로 어려움을 겪는 건 인간만이 아니야. 자연환경도 함께 피해를 겪고 있어. 지난 몇 년간 학교에 가지 못하고, 외출도 자유롭게 못하다 보니 집에 있는 시간이 늘었지? 예전보다 음식을 배달시키거나 포장해 가져와서 먹는 일도 잦아졌고. 필요한 물건도 직접 사러 가기보다 온라인 쇼핑을 통해 주문했을 거야. 그러다 보니 각종 포장 용품·음식 용기·일회용품 등 플라스틱 쓰레기도 덩달아 엄청나게 늘어나 버렸어.

일회용 마스크도 거기에 한몫했어. 그 작고 얇은 마스크가 무슨 문제냐 싶겠지만 세계에서 매일 쓰고 버리는 마스크의 양을 생각하면 어마어마할 거야. 그뿐만 아니라 일회용 장갑, 소독제 용기 등도 많이 쓰이고 버려졌어. 마스크를 만드는 원료 대부분은 플라스틱의 일종인 폴리프로필렌인데, 자연 상태에서 분해되는 데 굉장히 오랜 시간이 걸려. 450년이 걸릴 수도 있대.

친구들도 플라스틱에 의한 환경오염 문제가 매우 심각하다는 이야기를 들어 본 적이 있을 거야. 바다에 떠다니는 쓰레기 중 상당수가 플라스틱이고, 이것들이 해양 생태계를 파괴하고 있어. 특히 버려

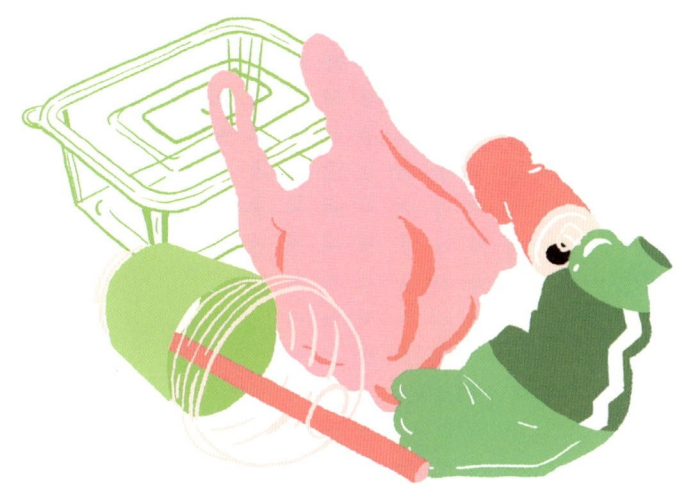

진 플라스틱이 폐기 또는 분해되는 과정에서 발생하는 미세플라스틱은 최근 주요한 환경오염 물질로 지목되었어. 우리나라 인근 바다와 강 하류의 미세플라스틱 농도도 아주 높아. 우리가 먹는 해산물, 생수 등에서도 미세플라스틱이 나왔고. 그래서 사람이 미세플라스틱을 먹는 것에 관한 걱정도 점점 커지고 있어.

　마스크를 쓰면 안 된다거나 포장·배달을 하지 말자는 게 아니야. 마스크는 우리를 감염 위험으로부터 지켜 주는 가장 중요한 수단 중 하나니까 필요한 경우에는 반드시 써야 해. 플라스틱도 우리의 일상을 굉장히 편리하게 만들어 주는 거라, 플라스틱 없는 세상을 상상하기는 쉽지 않아. 중요한 건 버려진 일회용품과 플라스틱으로 인해 악화된 지구 환경을 생각해 봐야 한다는 거야. 우리가 살아가야 할 지구 환경을 가능하면 덜 오염시키고, 동식물들이 건강하게 생태계에서 살아남도록 우리가 할 수 있는 일이 무엇일지 고민해 봐야 한다는 거지. 코로나19가 끝난 이후에도 우리는 계속해서 이 지구에 살아야 하니까.

　일회용품과 플라스틱 사용을 줄이는 것부터 시작해서, 사용한 플라스틱은 더 많이 재활용될 수 있도록 플라스틱 용기에 묻은 이물질이나 음식물은 깨끗하게 씻어 낸 뒤 분리수거 하는 일, 마스크가 배수구를 막거나 강이나 바다로 흘러 나가지 않도록 길가에 함부로 버리지 않고 마스크 끈을 끊고 여러 번 접어 종량제 봉투에 안전하게 버리기 같은 것들은 친구들도 실천할 수 있어. 또 어떤 것이 생태계와 자연환경을 지키는 데 도움이 될까?

28 이상 기후를 막을 수 있는 방법이 있을까요?

여름이 점점 무더워지고 있어. 열돔 현상으로 인한 불볕더위는 더이상 특별한 일이 아니게 된 거 같아. 더위로 인한 고통은 한국만의 문제가 아니야.

2023년에는 아시아, 북미, 유럽 등 세계 곳곳에서 최고 기온을 갈아치우는 기록적인 폭염이 이어졌어. 태국, 베트남, 미얀마는 체감 온도가 50도를 넘었고, 이상 고온과 건조한 날씨로 인해 캐나다, 그리스, 스페인, 하와이섬에서는 대형 산불이 났어.

이상 기후로 고통 받는 게 사람뿐일까. 폭염과 산불은 수많은 생물을 죽게 했어. 북극곰은 녹아 버린 빙하 때문에 사냥이 어려워지자 먹이를 찾아 인간이 거주하는 지역으로 내려오게 되고, 죽임을 당할 위험이 커졌지. 기후 위기로 멸종 위험 동물들이 점차 늘어 가고 있어.

열대 지방에 살던 동물들이 서식지를 넓히면서 인간과의 접점을 만들고, 그 과정에서 코로나19 같은 인수 공통 감염병(동물과 사람 사이에서 전파되어 발생하는 감염병)을 전파할 가능성도 높이고 있고. 지구 온난화로 인한 이상 기후가 조금은 먼 미래라고 생각했는데, 사실은

 바로 코앞에 와 있다는 것을 실감하고 있어.
 국제 사회는 기후 변화에 대응하기 위해 협의체도 만들고 회의도 진행하며 꾸준한 준비를 해 왔지만 지구온난화를 멈출 결정적인 실천을 보여 주지는 못했어. 한국도 그 책임에서 벗어날 수 없지. 한국은 전 세계에서 손꼽히는 온실가스 배출 국가거든. 국제 환경단체는 심지어 한국을 '기후 악당(climate villain)'이라고 부르기도 했어.

이제는 멀리 보고 하는 약속이나 캠페인보다는 지금 당장 해야 하는 일을 정말로 실천하는 것이 필요한 때야. 지구온난화의 속도를 늦추기 위해 탄소 배출을 줄이는 행동은 불편함과 번거로움을 가져올 거야. 그래도 이상 기후로 인해 지구 생태계가 받고 있는 고통을 줄이려면 나와 친구들 모두가 마음을 합해서 실천해야 해.

극단적인 기후 현상이 나타날 때 가장 힘든 사람은 누굴까. 주거 환경이 열악한 사람들, 노인과 어린이, 건강이 좋지 못한 사람들, 실외에서 일하는 사람들이야. 불볕더위와 혹한에도 안전한 집이 되도록 미리미리 지원하고, 극단적인 기후가 닥쳤을 때 피할 수 있는 곳을 준비하고, 일하는 사람들이 무더위에 쓰러지지 않도록 법과 제도를 정비하는 등 기후 위기 시기를 보다 안전하게 보내기 위한 정책을 마련해야 해.

동물들이 기후 위기로 생존을 위협받지 않도록 안전한 환경을 마련해 주는 것도 필요할 테고, 코로나19 같은 새로운 감염병이 나타날 때 재빠르게 대응할 수 있는 준비도 해야겠지. 또 무엇이 필요할까.

29. 물과 공기를 가로지르는 차가운 총알이 있다고요?

길가의 주유소를 지나다가 '무연휘발유'라는 말을 본 적 있을 거야. 무연휘발유란 '연'이 없는 연료라는 말인데, 연이 바로 납이야. 납의 원소 기호 'Pb'는 물을 전달하는 배관을 뜻하는 라틴어 단어에서 유래했다고 해. 납은 흔하고, 무겁고, 안정되고, 가공하기 좋아. 쓰임새가 많은 중금속이지. 그렇지만 위험하기도 하지. 그리스·로마 신화 속 사랑의 신인 큐피드는 사랑에 빠지게 하는 황금 화살을 가지고 있었지만, 사람을 혐오하게 하는 납 화살도 가지고 있었어. 지금도 많은 총알에 납이 쓰여.

납은 무거워서 무게 추로도 쓰는데, 낚시할 때 쓰는 봉돌이라는 낚시 추에도 들어가. 기술이 좋은 낚시꾼들은 부력을 맞추기 위해 납 봉돌을 깎아 무게를 맞추는데, 그야말로 납을 바로 강과 바다에 버리는 셈이야. 만약 강가나 바닷가의 낚시터에서 봉돌을 발견한다면 어른들의 도움을 받아 안전하게 회수해야 해.

상수도 배관에서 납의 원소 기호가 유래했을 만큼, 배관에는 아직도 납 성분이 들어 있는 경우가 많아. 2015년 미국 미시간주 플린트시에서 수돗물을 마신 10만 명 이상의 시민이 납에 노출된 사건이

있었어. 시의 재정을 아껴 보겠다고 상수원을 급하게 바꾸었는데, 이 상수원이 공업용수로도 못 쓸 정도로 오염된 물이었던 데다가, 오염된 물이 상수도 배관의 코팅을 벗겨 내서 납이 녹아나게 된 것이지. 시민들은 매일 쓰는 물에서 고약한 냄새가 나서 매우 걱정했는데, 아이들 피검사를 해 보니 납 농도가 엄청 증가한 거야. 부랴부랴 상수원을 다시 바꾸었지만 납 농도는 다시 낮아지지 않았다고 해.

 1921년 자동차 엔진의 성능을 높일 수 있도록 휘발유에 첨가하는 납 물질이 개발되어 유연휘발유가 불티나게 팔리게 되었어. 이렇게 휘발유에 첨가된 납이 배기가스로 공기를 오염시키고 있음을 밝힌

과학자는 클레어 패터슨이야. 패터슨은 정확한 지구의 나이를 재기 위한 연구를 하는 중에 우리 주변에 납이 너무나 많다는 것을 발견하게 되었고, 특히 휘발유에 납이 첨가된 시점 이후에 매우 높아진 것을 알아내게 되었지. 그 뒤 많은 연구를 통해 납이 임신 시 태아의 신경 발달에 영향을 미치고, 아이들의 지능 발달과 학업 성취에도 나쁜 영향을 준다는 것이 증명되었어. 미국의 어떤 연구는 한 사람당 아이큐 2.6점을 낮출 정도로 영향을 미쳤다고 주장하기도 했어. 공기 중에 납을 뿜어내던 유연휘발유는 1986년 미국에서 금지되었고, 한국에서도 1993년 퇴출당했어.

우리가 매일 호흡하고 마시는 공기와 물은 너무나 크고 많아서 인간이 만든 독 정도는 희석할 수 있을 거로 기대할 수도 있어. 하지만 오히려 매일 마시고 있기 때문에 문제를 알기도 어렵고, 문제를 알아차렸을 때는 이미 돌이킬 수 없는 치명적인 상태에 놓여 있을 수도 있어. 당장 적은 돈을 아껴 보겠다는 성급한 결정으로 납이 든 물을 마시게 된 플린트시 사람들을 보면 알 수 있지. 그리고 유연휘발유를 퇴출해서 납으로 오염된 공기를 마실 위험이 줄어들게 된 것도 사람이 한 결정이야. 무엇을 더 중요하게 생각해야 하는지, 무엇이 문제를 바로잡는 결정인지, 많은 생각을 하게 해.

30 재난이 어쩔 수 없는 일이 아니라고요?

새 학기가 시작되거나 새로운 일에 도전할 때는 설레면서도 동시에 긴장이 돼. 오묘한 기분이지. 그런데 혹시 설렘이 아니라 매일매일 긴장만 가득하다면 어떨까? 생각만 해도 흔들흔들 불안하고 몸과 마음이 힘들어. 이런 상상이, 지금 튀르키예와 시리아에 사는 사람들에게는 현실일 거야. 텔레비전이나 소셜 미디어를 통해 소식을 들었겠지만, 2023년 2월, 튀르키예와 시리아에 큰 지진이 발생했어. 많은 시간이 지났지만 그곳 친구들의 삶터와 일상의 복구는 더디기만 해.

재난은 크게 두 가지 종류로 구분할 수 있어. 첫 번째는 지진·홍수·태풍·가뭄과 같이 자연현상으로 인한 피해를 뜻하는 '자연재해'야. 두 번째는 화재·무너짐·교통사고·환경오염 사고처럼 사람들의 행동이 원인이 되어 발생한 안전사고와 그 피해를 의미하는 '인위 재난'이야. 2022년에 큰 문제가 된 카카오톡 메신저 먹통 사건처럼 통신과 관련된 피해도, 코로나19 대유행과 같은 감염병 확산 등으로 인한 피해도 재난이라고 할 수 있어.

재난은 사람의 힘으로는 어쩔 수 없지 않느냐고? 당연히 우리가 지진과 비, 바람 따위를 막을 수는 없어. 그렇지만 어떤 재난은 예방할 수 있고 그 피해를 줄일 수 있어. 언제 어떤 일이 발생할 거라는 예측은 쉽지 않아. 그래서 더 재난을 대비하는 준비가 중요해. 홍수가 오면 도로가 물에 잠기지 않도록 물이 빨리 빠질 수 있는 길 만들기, 추위에 대비해 집을 지을 때는 꼭 단열재를 쓰기, 사람이 많이 참여하는 행사에는 충분한 안전 관리 인력을 두기, 안전사고가 일어나지 않도록 시설 잘 관리하기, 환자들을 충분히 돌볼 수 있는 공공 병원 확보하기, 피해로 인해 몸과 마음을 다친 사람들과 함께 아파하기, 일상을 회복할 수 있도록 충분히 보상하기 등등. 또 어떤 준비를 할 수 있을까?

한 가지 더. 재난은 우리 일상의 안전과 건강에 직접적인 영향을 미쳐 삶을 위태롭게 만든다는 걸 잊지 말아야 해. 몸을 다치거나 심한 경우 목숨을 잃을 수도 있어. 가족과 떨어지거나 아무도 없는 곳에 갇혀 물도 마시지 못하고 음식을 먹지 못하기도 해. 마음이 아프기도 하고, 때로는 다른 사람들의 말과 행동에 상처받기도 해. 이것들은 당연한 게 아니야. 그래서 재난 이후에는 이전과 비교해 더욱 안전한 사회를 만들어 나가야만 해.

그러기 위해서는 국가의 역할이 중요해. 「헌법」에서도 국가가 재난으로 인한 피해를 예방하고 그 위험으로부터 국민을 보호하기 위해 노력해야 한다고 말하고 있어. 즉, 안전한 사회를 요구하는 것은 우리의 권리라는 말이지. 그러니까 혹시 정치인 누구든 '재난을 막는

건 불가능하다.'는 이유 뒤에 숨어 아무 책임도 지지 않으려 한다면, 있는 힘껏 소리치자. 반드시 안전한 사회를 만들어야 하고, 만들 수 있다고!